体育非物质文化遗产的保护、传承与发展

张东徽 著

 化学工业出版社

·北京·

内 容 简 介

本书在介绍体育非物质文化遗产的概念、特点、分类以及国内外研究进展的基础上，对我国体育非物质文化遗产项目、区域性传统体育项目、中华民族优秀传统体育项目进行介绍，通过分析我国体育非物质文化遗产面临的困境，对不同类型体育非物质文化遗产项目提出保护、传承与发展的策略，可供从事相关领域研究、管理和教育等人员参考。

图书在版编目(CIP)数据

体育非物质文化遗产的保护、传承与发展/张东徽著. —北京：化学工业出版社，2021.10
ISBN 978-7-122-39740-9

Ⅰ.①体… Ⅱ.①张… Ⅲ.①体育文化-非物质文化遗产-研究-中国 Ⅳ.①G80-054

中国版本图书馆 CIP 数据核字（2021）第 166708 号

责任编辑：刘亚军　　　　　　文字编辑：陈小滔　刘　璐
责任校对：杜杏然　　　　　　装帧设计：张　辉

出版发行：化学工业出版社（北京市东城区青年湖南街 13 号　邮政编码 100011）
印　　装：涿州市般润文化传播有限公司
880mm×1230mm　1/32　印张 6　字数 206 千字
2021 年 10 月北京第 1 版第 1 次印刷

购书咨询：010-64518888　　　　　售后服务：010-64518899
网　　址：http://www.cip.com.cn
凡购买本书，如有缺损质量问题，本社销售中心负责调换。

定　　价：46.00 元　　　　　　　　　　　　　版权所有　违者必究

前言

传统体育项目最初来源于民俗体育项目，是劳动人民在长期生产劳作过程中创造和传承下来的，其传承方式是口头讲解、亲身教学。这种传承既无书面表达又无规范章程的体育项目，随意性较大。当某个民俗体育项目被以文字的形式记载或被认可并使用后，该项目便具有书面性、规范性和固定性的特点，成为传统体育项目，并作为一种文化符号而具有文化价值，成为中国优秀传统项目的重要组成部分。

西方近代体育传入中国以后，发展速度远超中国传统体育。西方体育运动多为竞技性运动，注重的是比赛成绩和结果，从19世纪的后半叶开始，一直占据着现代体育文化发展的重要地位。中国的文化理念是"正心、养性、修身、齐家、治国、平天下"，体育锻炼只为强身健体，而非简单的对抗。在西方体育文化的剧烈冲击下，中国传统体育文化的发展受到了阻碍，这种阻碍包括了价值理念、思想观念、人文信仰、生活方式等各个方面。

在全球一体化的今天，不同国家间的价值理念、思想观念、文化内涵、生活方式等各不相同，相互间的冲突、矛盾日益凸显，给我国传统人文带来巨大冲击，更多人崇尚西方文化，忽视中华民族传统文化，许多文化遗产项目受到了极大的威胁，甚至衰落。传统体育非物质文化遗产项目的产生是源于传统文化、节日活动、生活方式等。现代经济的飞速发展，人们能够接受更好的学校教育，书信等传统通信方式被手机、互联网等现代通信工具取代，牛、马等传统牲畜动力和交通工具被机器、汽车等现代机械动力和交通工具取代，传统耕织、放牧生活方式被现代生活方式取代。如此快速的现代化进程，冲击了传统体育项目，使其出现了"水土不服"。

基于以上种种原因，保护我国传统体育非物质文化遗产项目势在必行。为了迎合时代的发展，我们不能单单保护它，还应传承和发展它，使其走向世界，弘扬中华民族传统文化。

本书在撰写过程中，参考了与传统体育相关的非物质文化遗产方面的官网、书籍和文献，在此表示衷心的感谢。由于作者水平有限，时间仓促，文中不免有疏漏不妥之处，敬请斧正。

著者
2021 年 1 月

目录

第一章　传统体育非物质文化遗产的概述 / 001

第一节　传统体育非物质文化遗产的概念 …………… 001
第二节　传统体育非物质文化遗产的特点 …………… 007
第三节　传统体育非物质文化遗产的分类 …………… 010
第四节　传统体育非物质文化遗产的功能 …………… 020
第五节　传统体育非物质文化遗产的文化价值 ……… 024
第六节　非物质文化遗产的相关政策法规 …………… 027

第二章　国内体育非物质文化遗产的研究进展 / 035

第三章　传统体育非物质文化遗产的理论基础 / 039

第一节　马克思主义人类学理论 ……………………… 040
第二节　文化变迁理论 ………………………………… 042
第三节　解释人类学理论 ……………………………… 045

第四章　传统体育非物质文化遗产的项目及传承人 / 047

第一节　民族传统体育项目 …………………………… 047

第二节　传统体育非物质文化遗产项目传承人 …………… 055
第三节　国家级传统体育非遗项目代表性传承人统计分析 …… 061
第四节　民俗节日 ………………………………………… 064

第五章　区域性传统体育非物质文化遗产项目 / 072

第一节　西南地区传统体育非遗项目 …………………… 072
第二节　西北地区传统体育非遗项目 …………………… 077
第三节　东北地区传统体育非遗项目 …………………… 079
第四节　华北地区传统体育非遗项目 …………………… 081
第五节　华东地区传统体育非遗项目 …………………… 084
第六节　华南地区传统体育非遗项目 …………………… 086
第七节　华中地区传统体育非遗项目 …………………… 088

第六章　中华民族传统体育项目 / 090

第一节　与龙狮相关的传统体育项目 …………………… 090
第二节　养生类传统体育项目 …………………………… 101
第三节　武术 ……………………………………………… 104

第七章　传统体育非物质文化遗产的现状研究 / 114

第一节　传统体育项目的现状及问题 …………………… 114
第二节　传统体育非物质文化遗产保护的现状 ………… 115
第三节　传统体育非物质文化遗产传承所面临的任务 ………… 121

第八章　传统体育非物质文化遗产产业化 / 125

第一节　体育产业概述 ··· 125
第二节　少数民族传统体育产业 ··································· 145

第九章　传统体育非物质文化遗产保护与传承的路径 / 148

第一节　传统体育非物质文化遗产保护的路径 ··················· 148
第二节　传统体育非物质文化遗产传承的路径 ··················· 150

第十章　传统体育非物质文化遗产的发展策略 / 155

第一节　非物质文化遗产保护的一般原则 ·························· 155
第二节　走数字信息化的发展道路 ································· 159
第三节　建立多元化的传统体育援助体系 ·························· 163

参考文献 / 166

附录　保护非物质文化遗产公约（中文版） / 168

第一章
传统体育非物质文化遗产的概述

第一节 传统体育非物质文化遗产的概念

一、文化

1. 文化和民族文化

文化是人们在长期生产生活实践过程中创造的产物,人类也是文化的延续和传承者。我国文献中最早关于文化的解说来自《易经·贲卦》其中这样描述道,"刚柔交错,天文也;文明以止,人文也。观乎天文以察时变,观乎人文以化成天下。"人文是人性之所在,区别于野蛮,是文明社会的标志。在《现代汉语词典》中,"文"解释为"纹理;修养","化"解释为"教化","文化"可以解释为"以文教化"。19世纪末20世纪初,美国人类学家洛威尔(A. Lawrence Lowel)认为界定文化的概念不容易,他认为文化是这个世界上最难以捉摸的东西,无法分析,无法叙述,无法用文字定义,正如手抓空气一样,除了不在手中，空气无处不在。由此可见，文化的内容包罗万象，表现形式多种多样，我们只能从所要研究的某一层面去界定它、研究它。本书着重讨论体育文化层面。

我国现代著名思想家、哲学家、教育家梁漱溟先生说过，文化反映的是一个民族生活的方方面面，总结起来无非是三种，即物质文化、精神文化和社会文化。物质文化是与人类衣食住行用相关的物质层面的文化，郑杭生先生认为，物质文化是物质世界中经过人的加工的东西，体现了人的思想；精神文化包括宗教信仰、价值观念、审美情趣、人文心理等精神层面的文化，是人们改造主观世界的产物，是人类意识的全部集合；社会文化体现的是人际关系、社会制度、行为规范等层面的文化，是连接物质文化和精神文化的中间层面。

民族文化反映的是社会现象，属于历史范畴，是整个人类社会历史的沉淀物。民族文化是民族智慧和文明的结晶。中国是世界文明古国，历史文化源远流长，丰富多彩的文化遗产中蕴含我国优秀的民族历史和民族文化内涵。习近平总书记曾说过，要讲清楚中华优秀传统文化的历史渊源、发展脉络、基本走向，讲清楚中华文化的独特创造、价值理念、鲜明特色，增强文化自信和价值观自信。

马克思主义人类学认为，文化生产可以促进生产力的发展。民族文化是一个国家的软实力，是反映一国综合国力的重要部分。正如习近平总书记指出："文化自信是一个国家、一个民族发展中更基本、更深沉、更持久的力量。必须坚持马克思主义，牢固树立共产主义远大理想和中国特色社会主义共同理想，培育和践行社会主义核心价值观，不断增强意识形态领域主导权和话语权，推动中华优秀传统文化创造性转化、创新性发展，继承革命文化，发展社会主义先进文化，不忘本来、吸收外来、面向未来，更好构筑中国精神、中国价值、中国力量，为人民提供精神指引。"

2. 影响中华民族传统文化的因素

（1）地理因素

我国地域辽阔，东中西部地区的地形地貌差别很大，东部以平原为主，中部以山地、高原为主，西部主要是高原、沙漠。地形的多样性为农业的发展提供了多样性的条件，有的也成为一条地理屏障，阻隔了与外界的交流，使中国传统文化的地位并不会受到其他外来文化的影响而动摇。

（2）经济因素

历史上我国农业生产是为了满足自给自足的小农经济，小农经济在我国封建社会中占主导地位，形成了以家庭为单位、男耕女织的劳作模式，因此受农业特点的影响，中国传统文化的家族观念很重。农业重在实用性，不劳动则不会有收获，他们将这种理念传承给后代，也影响着中国传统文化的传承发展。

（3）政治因素

中国古代社会的政治特点是宗法制和君主专制。宗法制是关于家族的继承制度，其核心是嫡长子继承制，从而保证家族延续、发展下去而不衰败。这种家族继承制度同样适用于国家，一姓氏家族统治一个朝代，因此就有了家国相同、忠孝相同。君主专制指的是皇帝拥有至高无上的权力，其他人必须服从于皇帝，帝位实行终身制。这种政治特点对中华民族传统文化的影响具有两面性。积极的一面是重视家族关系、遵从孝道、效忠国家；消极的一面是等级制度森严，人的个性、思想得不到解放。

二、体育文化

体育文化是文化中的一个分支，有其特别的文化内涵，主要由体育物质文化、体育精神文化和体育社会文化组成。

体育物质文化指的是物质层面，即器械设施、场地设施、服饰装备等可以触摸到的实体，是整个体育文化的表层，是体育精神文化和体育社会文化的物质基础。

体育精神文化指的是精神层面，是在体育活动过程中形成的价值理念、理论体系、艺术风格、审美情趣等精神文明成果。

体育社会文化指的是社会制度层面，即体育活动过程中形成的组织构架、规章制度、管理风格、角色定位等，是在长期体育发展过程中形成的约定俗成的活动制度、组织原则、角色分担，它随着时代的发展而发生改变。

这三者是有机联系的一个整体。一方面，体育物质文化的产物是受人类思想意识的影响而产生的，从这些实实在在的体育物质文化中能够感受到该项体育文化所要表达的思想文化内涵，体现体育文化价值；另一方面，人们精神层面的更高需求，必然推动了体育物质层面的更好发展。马斯洛需要层次论告诉我们，一种需求得到满足后，人们又会产生出另一种需求，例如科技的发展使得人们对体育用品提出了更高的要求，PMMA（聚甲基丙烯酸甲酯）材质制成的网球，效果优于其他材质；用于登山、攀岩等极限运动的装备，足球场、篮球场等体育物质基础设施包含了更多的科技元素。

一种体育现象通常包括体育物质文化、体育精神文化和体育社会文化三层含义。例如，奥林匹克运动会距今已有几千年历史，其规模、仪式、制度、人数等都是任何一种体育文化运动所无法比拟的，奥林匹克精神影响深远，它反映了体育的制度文化、物质文化和精神文化。中国在2018年举办了奥林匹克运动会，由我国设计创作的会徽、吉祥物、体育歌曲、体育邮票等融入了中华民族的传统文化，使体育精神在体育文化宣传过程中得到不断的渲染和衬托，也掀起了一股购买奥运吉祥物、全民参与体育运动的热潮，同时也相应地带动了体育用品产品业、体育服装业、体育旅游产业等体育产业的发展。

三、非物质文化遗产

文化遗产是历史的产物，反映的是民族文化，是历史的传承。美国人巴尔克和博尔格说过："各族有其各自的气质即历史生活，民族文化遗产是全部的社会遗产，具有社会意义。"孙葆丽在《人文奥运的无形遗产》中认为，遗产是人类社会在其历史发展过程中遗留下来的资产，包括有形遗产和无形遗产。关于无形遗产的保护，早在1989年，《保护民间创作建议案》已经做出规定。保护文化遗产，就是在保护人类世代传承下来的悠久文化，它承载着人类的珍贵记忆。

2000年联合国教科文组织开始实施"人类口头和非物质遗产代表作"项目，首次引用"非物质"一词。2003年，颁布了《保护非物质文化遗产公约》，旨在方便世界各国开展非物质文化遗产保护的工作，界定了非物质文化遗产的概念，明确了非物质文化遗产的内容包括了与文化遗产相关的表现形式、表演、知识、实践技能、实物、工具、文化场所以及工艺用品。

联合国制定的非物质文化遗产的概念较为笼统，为了便于操作，更加符合我国非物质文化遗产的国情，《中华人民共和国非物质文化遗产法》从广义和狭义两个层面提出了我国非物质文化遗产的概念，即从广义上来讲，非物质文化遗产指的是各族人民世代相承并视为文化遗产组成部分的各种传统文化表现形式以及与传统文化表现形式相关的实物和场所；从狭义上来讲，非物质文化遗产是指以身体活动为主体进行的互动和意义表达，以身传心授为传播形式。

在保护非物质文化遗产过程中，结合实践过程中出现的具体情况，国务院办公厅于2005年先后两次在《关于加强我国非物质文化遗产保护工作的意见》《关于加强文化遗产保护的通知》中，对非物质文化遗产的概念做了界定：以非物质形态存在，与群众生活密切相关，各族人民世代相承的传统文化表现形式以及与其相关的文化空间，传统文化表现形式多样，包括口头传统、传统表演艺术、传统手工艺技能、民俗礼仪等。该表述更加符合中国人的认知。

非物质文化遗产与社会生活环境密切相关，依托于整体的自然生态、文化生态和社会生态，我们不能孤立地去考察，而是要运用整体观审视和研究。研究非物质文化遗产就是研究其文化价值、历史价值、社会价值、科学价值、艺术价值等等，它是一个民族传统文化的精髓，是人类社会的财富。文化的发展和创新要在文化遗产的基础上进行。

四、传统体育非物质文化遗产

我国历史文化悠久，拥有众多珍贵的传统体育非物质文化遗产，但是随着时代的变迁、社会的发展，这些保留有中华民族传统体育文化的记忆正在逐渐消失。因此，认识界定传统体育非物质文化遗产的概念，有利于更好地开展保护、传承和发展工作。

传统体育非物质文化遗产是非物质文化遗产的下位拓展概念，因此，其概念应该是在非物质文化遗产定义的基础上结合体育活动加以界定，既能反映体育活动相关的规则、器械、场地，还要反映与体育活动相关的风俗习惯、生活方式、宗教仪式等民族文化气息。

传统体育项目内容丰富，性质多样化，有娱乐性质的传统体育项目，如达瓦兹；有养生类性质的传统体育项目，如太极拳；有搏斗性质的传统体育项目，如摔跤等。我国民族传统体育项目众多，只有典型的、具有代表性的项目，才应被纳入体育非物质文化遗产项目。

第二节 传统体育非物质文化遗产的特点

传统体育非物质文化遗产的特点囊括了非物质文化遗产的所有特点，又同时具有其自身的特点。正确认识两者的共同性和差异性，对于保护、传承和发展传统体育非物质文化遗产具有重要的意义。

一、非物质文化遗产的特点

1. 非物质形态

非物质性顾名思义就是没有物质形态、没有物质载体依附。在《保护非物质文化遗产公约》中，非物质性指的是精神生产层面，即用以满足人们的精神生活需求。非物质文化遗产是一种无形的文化资源，其形式是传承人的口传身授，它依赖于一定的社会环境，比如民俗风土人情、民俗节日礼仪庆典等。

2. 活态性

活态性是相较于静态性而言，对于物质文化遗产而言，它是以物质的形态存在；而对于非物质文化遗产而言，是以人为载体进行的传承，即传承人就是非物质文化遗产的活态性的载体，占据着保护该文化的主体地位。此外，这种活态性还体现了变化和创新，传承人在传承过程中会受到生存环境、社会发展等因素的影响，对传承技能进行改造。

3. 传承性

传承性是一种具体的文化特性，人类是文化遗产的传承者，在世代相传的过程中，其所处的自然环境、历史环境、社会环境等也在不断发生变化，非物质文化遗产在这种不断变化的环境中沉淀下来，同时也赋予了传承人一种社会认同感和历史感，承载了人类浓厚的精神寄托。

4. 专属性

非物质文化遗产承载着民族记忆，不同的民族产生的非物质文化遗产具有该民族的文化特色，烙印了这个民族的专属标签，是这个民族历史的见证。了解一个民族的非物质文化遗产，等同于是在了解这个民族所属的地域、人文风情和历史风貌。

5. 不可再生性

非物质文化遗产是不可再生性资源。一方面，它是通过传承人的言传身教来传播的，如果后继无人，这种活态文化遗产也会随着传承人的逝世而消亡；另一方面，非物质文化遗产的生存受到环境的影响，自然环境、人文环境、社会环境的变化，使得那些在特定环境下生存的非物质文化遗产发生消亡。

二、传统体育非物质文化遗产的特点

传统体育非物质文化遗产除了拥有非物质文化遗产的特点之外，还有其自身独特的文化特点。

1. 健身性

传统体育非物质文化遗产本身具有体育的特性，即强身健体，有针对不同年龄阶段、不同性别、不同性质的传统体育非物质文化遗产项目，比如针对老年人的太极拳、五禽戏；通过娱乐来增强体质的抖空竹等。

2. 民俗娱乐性

传统体育非物质文化遗产是在人们长期生产生活实践过程中产生的，与人民的生产、生活密切相关，因此，有反映当地节日特色的活动项目，有表现人们丰收喜悦的活动等。我国节日众多，列入非物质文化遗产项目名录的节日有傣族的"泼水节"、锡伯族的"西迁节"、黎族的"三月三节"、苗族的"鼓藏节"、仫佬族的"依饭节"、彝族的"火把节"、羌族的"瓦尔俄足节"、水族的"端节"、布依族的"查白歌节"、侗族的"萨玛节"、傈僳族的"刀杆节"、土族的"纳顿节"、鄂温克族的"瑟宾节"、布依族的"三月三"等，这些节日会举办多彩的传统体育活动项目，体现民族文化的同时也带有极强的娱乐性特点。

3. 地域性

传统体育非物质文化遗产源于民间，不同的地域，其地理环境、风土人情、生活方式各不相同。在北方草原生活的民族，传统体育项目多为骑马、射猎等；南方水乡，传统体育项目多为龙舟竞渡、独竹漂等。

即使同一种传统体育项目，内容虽然相同，但是表现方式、展示技巧也有不同，例如太极拳，由于传承人所属地域不同，因此衍生出了陈氏太极拳、杨氏太极拳等不同派系，不同的派系招式不同，但其传承的理念、传承的目的是相同的。再如，摔跤是很多北方少数民族所特有的传统体育项目，虽然同为摔跤，但叫法不同，蒙古族称为"搏克"，维吾尔族称为"且里西"，在表现方式、表现技巧上也会有所不同。

4. 民族性

传统体育非物质文化遗产体现了民族特色，我国民族众多，各民族有其自身的思维方式、审美情趣、情感表达等，民族传统体育项目的产生、传承与发展融合了这些民族特色，它所要体现的、表达的均是这种民族特色。

第三节　传统体育非物质文化遗产的分类

明确传统体育非物质文化遗产的分类，使我们能够在保护和传承工作方面做到具体问题具体分析。

一、学者的分类

关于非物质文化遗产的分类，古奥瓦尼·皮那将非物质文化遗产分为三类：一是通过身体表现出来的文化表现或者社区传统的生活方式；二是不需要通过身体形式表现出来的个体或集体的文化表现；三是物的象征和隐喻。他认为各类型的界限不清，无法确定，认为第三类属于无形遗产的一部分。我国学者樊嘉禄在《非物质文化遗产项目评定中的几个问题》中认为，国家级非物质文化遗产项目的范围分为三个部分：一是那些原本广泛流传后仅存的常有活化石性质的项目；二是现虽仍广泛流传但在同类中水平最高最具有代表性的项目；三是在某个或某几个民族区域有广泛影响同时达到国内一流水平的项目。

关于传统体育非物质文化遗产的分类，参考国外书籍对中国关于传统体育非物质文化遗产的描述，大体可以分为三层。第一层次，现存原始土著民族的体育文化形态,在《Robert》一书中说到土著遗产的保护不能商业化,这会伤害土著遗产的内在精神和尊严;第二层次,濒危性传统体育非物质文化遗产;第三层次,民间体育文化和传统体育非物质文化,美国学者John在《Appalachian》一书中,描述了阿巴拉契亚文化的民俗文化、生活方式、宗教信仰、地理面貌,记载了该民族的传统生活,有利于理解该民族的肢体语言活动所表达的意义,比如舌语,从而提高对该文化保护与传承的理解。

国家体育总局体育文化发展中心崔乐泉根据《国家级非物质文化遗产名录》的分类,对传统体育非物质文化遗产做了更详细的分类,主要将其分为十二大类,见表1-1。

表1-1 传统体育非物质文化遗产项目分类

序号	分类	传统体育非物质文化遗产项目
1	舞蹈类	傩舞、秧歌等
2	球类	马球、曲棍球、打毛蛋、抢花炮、打瓦等
3	杂技类	抖空竹、舞狮、舞龙等
4	武术类	少林功夫、武当武术等
5	水上运动类	龙舟竞渡、游泳、划竹排比赛、洱海龙舟赛等
6	骑射类	射弩、射箭等
7	益智竞技类	围棋、象棋、二三棋等
8	力量对抗类	摔跤、抱腰、拔腰、朵加等
9	马上运动类	赛骆驼、叼羊、压走马比赛等
10	保健养生类	太极拳、气功等
11	游艺类	荡秋千、踩高跷、跳竹竿等
12	举重类	摆石锁等

二、联合国的分类

《保护非物质文化遗产公约》第二条定义了非物质文化遗产，即被社区、群体、有时是个人，视为文化遗产组成部分的各种社会实践、观念表述、表现形式、知识、技能以及相关的工具、实物、工艺品和文化场所。从该定义中划分了非物质文化遗产的类型，共五类。第一类是口头传说和表述，第二类是表演艺术，第三类是社会风俗、礼仪、节庆，第四类是有关自然界和宇宙的知识和实践，第五类是传统的手工艺技能。从一般意义上来讲，传统体育非物质文化遗产可以归入第五类。

三、我国的分类

2005年12月22日，国务院发布《关于加强文化遗产保护的通知》，其总体目标是要建立较完备的文化遗产保护制度和完善的文化遗产保护体系。目前，国家文化部已经建立国家级非物质文化遗产保护体系、省级非物质文化遗产保护体系、市级非物质文化遗产保护体系和县级非物质文化遗产保护体系。各级分别建立各自的非物质文化遗产代表性项目名录。

自2006年至今，国务院已经下发了四批国家级非物质文化遗产代表性项目名录，为了使管理工作更加规范化，对项目的归类名称做出了调整，使分类更加明确。调整的主要侧重点在传统体育非物质文化遗产项目的归类名称上，第一批国家级传统体育非物质文化遗产项目归属于"杂技与竞技"，第二、三、四批则变更为"传统体育、游艺与杂技"类。

1. 国家级非物质文化遗产代表性项目名录分类

具体见表1-2。

表 1-2 四批国家级非物质文化遗产代表性项目名录

分类	第一批（项）	第二批（项）	第三批（项）	第四批（项）
民间文学	31	53	41	30
传统音乐	72	67	16	15
传统舞蹈①	41	55	15	20
传统戏剧	92	46	20	4
曲艺	46	50	18	13
传统体育、游艺与杂技②	17	38	15	12
传统美术③	51	45	13	13
传统技艺④	89	97	26	29
传统医药	9	8	4	2
民俗	70	51	23	15

① 第一批名录的名称为民间舞蹈，第二、三、四批名录均为传统舞蹈。
② 第一批名录的名称为杂技与竞技，第二、三、四批名录均为传统体育、游艺与杂技。
③ 第一批名录的名称为民间美术，第二、三、四批名录均为传统美术。
④ 第一批名录的名称为传统手工技艺，第二、三、四批名录均为传统技艺。

2. 第一批国家级传统体育非物质文化遗产代表性项目

第一批国家级非物质文化遗产代表性项目名录（国发〔2006〕18号）于2006年5月20日公布，共有518项，其中"杂技与竞技"项目共17项，见表1-3。

表 1-3 第一批国家级非物质文化遗产代表性项目名录（杂技与竞技）

序号	项目编号	项目名称	申报地区或单位
283	Ⅵ-1	吴桥杂技	河北省吴桥县
284	Ⅵ-2	聊城杂技	山东省聊城市

续表

序号	项目编号	项目名称	申报地区或单位
285	Ⅵ-3	天桥中幡	北京市
286	Ⅵ-4	抖空竹	北京市宣武区
287	Ⅵ-5	维吾尔族达瓦孜	新疆维吾尔自治区
288	Ⅵ-6	宁德霍童线狮	福建省宁德市
289	Ⅵ-7	少林功夫	河南省登封市
290	Ⅵ-8	武当武术	湖北省十堰市
291	Ⅵ-9	回族重刀武术	天津市
292	Ⅵ-10	沧州武术	河北省沧州市
293	Ⅵ-11	太极拳	河北省永年县
294	Ⅵ-12	邢台梅花拳	河北省邢台市
295	Ⅵ-13	沙河藤牌阵	河北省沙河市
296	Ⅵ-14	朝鲜族跳板、秋千	吉林省延边朝鲜族自治州
297	Ⅵ-15	达斡尔族传统曲棍球竞技	内蒙古自治区
298	Ⅵ-16	蒙古族搏克	内蒙古自治区
299	Ⅵ-17	蹴鞠	山东省淄博市

3. 第二批国家级传统体育非物质文化遗产代表性项目名录

第二批国家级非物质文化遗产代表性项目名录（国发〔2008〕19号）于2008年6月7日公布，共有510项，其中"传统体育、游艺与杂技"项目共38项，见表1-4。扩展第一批项目名录147项，其中"杂技与竞技"项目共计4项，见表1-5。

表 1-4　第二批国家级非物质文化遗产代表性项目名录（传统体育、游艺与杂技）

序号	项目编号	项目名称	申报地区或单位
790	Ⅵ-18	围棋	中国棋院
791	Ⅵ-19	象棋	中国棋院
792	Ⅵ-20	蒙古族象棋	内蒙古自治区阿拉善盟
793	Ⅵ-21	天桥摔跤	北京市宣武区
794	Ⅵ-22	沙力搏尔式摔跤	内蒙古自治区阿拉善左旗
795	Ⅵ-23	峨眉武术	四川省峨眉山市
796	Ⅵ-24	红拳	陕西省
797	Ⅵ-25	八卦掌	河北省廊坊市
798	Ⅵ-26	形意拳	河北省深州市
799	Ⅵ-27	鹰爪翻子拳	河北省雄县
800	Ⅵ-28	八极拳	河南省博爱县
801	Ⅵ-29	心意拳	山西省晋中市
802	Ⅵ-30	心意六合拳	河南省漯河市、周口市
803	Ⅵ-31	五祖拳	福建省泉州市
804	Ⅵ-32	查拳	山东省冠县
805	Ⅵ-33	螳螂拳	山东省莱阳市
806	Ⅵ-34	苌家拳	河南省荥阳市
807	Ⅵ-35	岳家拳	湖北省武穴市
808	Ⅵ-36	蔡李佛拳	广东省江门市新会区
809	Ⅵ-37	马球	新疆维吾尔自治区塔什库尔干塔

续表

序号	项目编号	项目名称	申报地区或单位
810	Ⅵ-38	满族珍珠球	吉林省吉林市
811	Ⅵ-39	满族二贵摔跤	河北省隆化县
812	Ⅵ-40	鄂温克抢枢	内蒙古自治区鄂温克族自治旗
813	Ⅵ-41	挠羊赛	山西省忻州市
814	Ⅵ-42	传统箭术	青海省乐都县
815	Ⅵ-43	赛马会	西藏自治区拉萨市
816	Ⅵ-44	叼羊	新疆维吾尔自治区巴楚县
817	Ⅵ-45	土族轮子秋	青海省互助土族自治县
818	Ⅵ-46	左各庄杆会	河北省文安县
819	Ⅵ-47	戏法	黑龙江省杂技团
820	Ⅵ-48	建湖杂技	江苏省建湖县
821	Ⅵ-49	东北庄杂技	河南省濮阳市
822	Ⅵ-50	宁津杂技	山东省宁津县
823	Ⅵ-51	马戏	安徽省宿州市埇桥区
824	Ⅵ-52	风火流星	山西省太原市
825	Ⅵ-53	翻九楼	浙江省杭州市、东阳市
826	Ⅵ-54	调吊	浙江省绍兴市
827	Ⅵ-55	苏桥飞叉会	河北省文安县

表 1-5 第一批国家级非物质文化遗产扩展项目名录（杂技与竞技）

序号	编号	项目名称	申报地区或单位
285	Ⅵ-3	中幡（安头屯中幡、正定高照、建瓯挑幡）	河北省香河县、正定县、福建省建瓯市
288	Ⅵ-6	线狮（九狮图）	浙江省永康市、仙居县

续表

序号	编号	项目名称	申报地区或单位
292	Ⅵ-10	沧州武术（劈挂拳、燕青拳、孟村八极拳）	河北省沧州市
293	Ⅵ-11	太极拳（武氏太极拳）	河北省永年县

4. 第三批国家级传统体育非物质文化遗产代表性项目名录

第三批国家级非物质文化遗产代表性项目名录（国发〔2011〕14号）于2011年5月23日公布，共有191项，其中"传统体育、游艺与杂技"项目共15项，见表1-6。扩展项目名录为164项，其中"传统体育、游艺与杂技"项目共8项，见表1-7。

表1-6 第三批国家级非物质文化遗产代表性项目名录（传统体育、游艺与杂技）

序号	项目编号	项目名称	申报地区或单位
1139	Ⅵ-56	拦手门	天津市河东区
1140	Ⅵ-57	通背缠拳	山西省洪洞县
1141	Ⅵ-58	地术拳	福建省精武保安培训学校
1142	Ⅵ-59	佛汉拳	山东省东明县
1143	Ⅵ-60	孙膑拳	山东省青岛市市北区、安丘市
1144	Ⅵ-61	肘捶	山东省临清市
1145	Ⅵ-62	十八般武艺	浙江省杭州市余杭区
1146	Ⅵ-63	华佗五禽戏	安徽省亳州市
1147	Ⅵ-64	摞石锁	河南省开封市
1148	Ⅵ-65	赛龙舟	湖南省沅陵县，广东省东莞市，贵州省铜仁市、镇远县
1149	Ⅵ-66	迎罗汉	浙江省缙云县

续表

序号	项目编号	项目名称	申报地区或单位
1150	Ⅵ-67	掼牛	浙江省嘉兴市南湖区
1151	Ⅵ-68	高杆船技	浙江省桐乡市
1152	Ⅵ-69	花毽	山东省青州市
1153	Ⅵ-70	口技	北京市西城区

表1-7 第二批国家级非物质文化遗产扩展项目名录（传统体育、游艺与杂技）

序号	编号	项目名称	申报地区或单位
292	Ⅵ-10	沧州武术（六合拳）	河北省泊头市
294	Ⅵ-12	梅花拳	河北省威县
793	Ⅵ-21	摔跤（朝鲜族摔跤、彝族摔跤、维吾尔族且力西）	吉林省延吉市，云南省石林彝族自治县，新疆维吾尔自治区岳普湖县
797	Ⅵ-25	八卦掌	北京市西城区，河北省固安县
798	Ⅵ-26	形意拳	山西省太谷县
801	Ⅵ-29	心意拳	山西省祁县
805	Ⅵ-33	螳螂拳	山东省栖霞市、青岛市崂山区
819	Ⅵ-47	戏法	天津市和平区

5. 第四批国家级传统体育非物质文化遗产代表性项目名录

第四批国家级非物质文化遗产代表性项目名录（国发〔2014〕59号）于2014年12月3日公布，共有153项，其中"传统体育、游艺与杂技"项目共12项，见表1-8；扩展项目名录为153项，其中"传统体育、游艺与杂技"项目共7项，见表1-9。

表 1-8 第四批国家级非物质文化遗产代表性项目名录（传统体育、游艺与杂技）

序号	项目编号	项目名称	申报地区或单位
1302	Ⅵ-71	布鲁	内蒙古自治区库伦旗
1303	Ⅵ-72	蒙古族驼球	内蒙古自治区乌拉特后旗
1304	Ⅵ-73	通背拳	北京市西城区
1305	Ⅵ-74	戳脚	河北省衡水市桃城区
1306	Ⅵ-75	精武武术	上海市虹口区
1307	Ⅵ-76	绵拳	上海市杨浦区
1308	Ⅵ-77	咏春拳	福建省福州市
1309	Ⅵ-78	井冈山全堂狮灯	江西省井冈山市
1310	Ⅵ-79	徐家拳	山东省新泰市
1311	Ⅵ-80	梅山武术	湖南省新化县
1312	Ⅵ-81	武汉杂技	湖北省武汉市
1313	Ⅵ-82	幻术（傅氏幻术、周化一魔术）	北京市朝阳区，陕西省

表 1-9 第三批国家级非物质文化遗产扩展项目名录（传统体育、游艺与杂技）

序号	项目名称	申报地区或单位
1	线狮（草塔抖狮子）	浙江省诸暨市
2	太极拳（吴氏太极拳、李氏太极拳、王其和太极拳、张三丰太极拳、和氏太极拳）	北京市大兴区，天津市武清区，河北省任县，福建省，河南省温县
3	蒙古族搏克	内蒙古自治区东乌珠穆沁旗，新疆维吾尔自治区乌苏市
4	螳螂拳	山东省青岛市市南区
5	岳家拳	湖北省黄梅县

续表

序号	项目名称	申报地区或单位
6	赛马会（哈萨克族赛马）	新疆维吾尔自治区富蕴县
7	通背拳	北京市西城区

第四节 传统体育非物质文化遗产的功能

一、经济功能

发展民族传统体育需要依托于社会经济的发展，经济发展了，人们的物质生活水平才能提高，才会有闲暇时间从事娱乐活动。

民族传统体育项目的兴衰与经济发展具有密切关系。以舞龙为例，新中国成立之前，连年的战争使得百姓生活困苦不堪，舞龙活动渐渐消失；自新中国成立之后，人们生活安定，物质生活水平逐年提高，人们愿意花时间、花钱从事娱乐活动，舞龙作为一种庆祝节日的活动，又重新回归大众视线。舞龙活动被华人带到海外作为节日庆典节目，被海外人士所喜爱，舞龙活动目前已经成为一项国际性的传统体育活动。我国许多民族都有节庆时举行舞龙活动的习俗，随着体育产业化的发展带动了体育旅游业的发展，这些地区为了吸引大批的游客观光旅游，将舞龙活动发展成为一种获取经济利益的手段。

抢花炮是仫佬族、侗族、壮族地区少数民族的传统体育活动，每逢农历三月初三，男女老少便会盛装出行参加抢花炮活动，寓意是生意兴隆、万事如意，它已成为全国少数民族传统体育运动会的比赛项目之一。经改良后的花炮，被人们称之为中国式的"橄榄球"，既有民族传统体育的娱乐功能，又带有现代竞技体育的功能。抢花炮活动的普及，也带动了当地的经济发展。

二、规范教化功能

民族传统体育项目的规范教化功能指的是规范家族内部、宗族内部之间的族人的行为方式、习惯。在现代发展的过程中，这种功能的含义也在不断地向外延伸，即规范人们的道德行为、利益分配，防止和矫正不良行为。

只有宣传到位，才能充分发挥规范教化的功能。2005年国务院颁布了《关于加强文化遗产保护的通知》，将每年6月的第二个星期六规定为"文化遗产日"，以向大众宣传非物质文化遗产知识。2010年，中央电视台开办了《从文化开始》栏目，邀请非物质文化遗产传承人做客节目，讲述他们传承技艺的故事。

三、政治功能

民族传统体育项目的政治功能是衍生出来的新功能。民族传统体育项目的传承以家族传承、宗族传承为主，用以维系家族、宗族的内在结构稳定和长远发展，这与我国封建社会时期特殊的结构体系密切相关。这种维系功能后来便上升至社会高度、国家高度，用以促进民族团结、保持社会安定，成为民族传统体育的新功能，即政治功能。

从国际上来看，民族问题一直是各国关注的重点，因民族问题引发的冲突、战争，如中东战争、巴以冲突、印巴之争等，对本民族的发展造成了巨大的损失。我国是多民族国家，促进民族团结，实现各民族的共同繁荣，是我国政府处理民族关系的一贯方针。不同的民族，生产生活方式、风土人情各不相同，尊重各民族的习惯，有利于促进民族团结。

四、社交功能

人们参与到民族传统体育项目活动中,本身也是互相交流学习的过程,尤其是不同民族共同参与的民族传统体育项目,增进了民族间的互助团结。现今,社交功能已经渗透到人们的日常生活中,在公园、休闲广场,打太极拳、抖空竹、打陀螺的人随处可见,或以团队为组织,或以个人为单位,形成了城市中一道亮丽的风景线。

此外,有些民族传统体育项目本身具有社交功能。比如基诺族的丢包比赛就是一项男女社交的活动项目,该比赛通常在特懋克节举行,双方对立而站,距离约10米,中间有一条界线,双方互相向对方抛出花包,以未抛出界线或者对方没接到花包为输。如果姑娘看中对方,就会将包抛给对方。同样,傣族的丢包活动也与此相类似。

五、原始功能

民族传统体育文化存在封建社会的传统意识形态,有些项目源于宗教,是当时人们对周围环境未知的认识。有些传统体育项目衰落甚至灭绝,从非物质文化遗产角度来看,这些项目也应包含其中。只要我们能正确认识它的来源以及在当时历史背景下它所蕴含的意义,这种原始功能应该加以保护,而非取缔。

六、竞技功能

民族传统体育具有竞技功能,不仅是参赛选手在体力上的较量,也是国家和民族强盛的一个重要标志。西方体育重在体力上的较量,奥林匹克运动会的格言是"更快、更高、更强",奥林匹克运动会上的运动项目普遍是竞技类项目,如足球、篮球、排球、羽毛球、乒乓球、举重等。此外,还有具有国家特色的体育竞技类项目,如我国的武术、日本的柔道、韩国的跆拳道等。

具有竞技功能的体育项目需要有较为完善的比赛规则、评判标准。传统体育项目虽有很多，但并非每个项目都具有这些比赛要求，目前列入国际性比赛的传统项目有传统武术、龙舟竞渡等；列入全国少数民族传统体育运动会的比赛项目有打陀螺、摔跤、珍珠球、毽球、射弩、蹴球、荡秋千、抢花炮等。

七、健身功能

任何一项体育运动都具有强身健体的功能。通过跳、跑、走、爬、蹲、转等身体练习，可以锻炼人的身体素质，包括柔韧性、速度、灵敏素质、力量素质，提高体能的同时，也调节人的心理状态，使身心素质得到全面提高。

从民族传统体育项目的种类来看，有专门锻炼力量素质的项目，如摔跤、爬杆、押加、顶杠、摆石锁等；有专门锻炼灵敏素质的项目，如竹竿舞、芦笙舞等；也有综合性锻炼身体素质的项目，如长鼓舞、抢花炮、传统武术等。

从民族传统体育项目的性质来看，有适合养生的项目，如太极拳、八段锦、气功、五禽戏；有开发智力的项目，如藏棋、西瓜棋、方棋等；有文艺类的项目，如跳竹竿等；有适合儿童的项目，如蒙古族的嘎拉哈比赛等。

八、娱乐功能

娱乐是缓解身心疲惫的调味剂。具有娱乐性质的传统体育项目，是劳动人民在长期生活劳作中为放松身心、获得精神享受而创造出来的。该类性质的项目，没有严格的比赛规则、随意性强、动作简单易学,其目的只是为了表达愉悦的心情。与农事相关的传统体育娱乐项目,在于表达人们农耕之后的喜悦;与节日相关的传统体育娱乐项目,在于表达欢度佳节的喜悦之情。

九、美学功能

体育运动能够强健体魄、美化形体,其所传递的是一种美学观。体育锻炼者通过体育运动获得了美感体验,塑造了形体美;通过发展体育运动技能,获得了运动美;通过体育运动丰富了体育锻炼者的内在精神素质,培养了他们的审美情趣。传统体育运动项目与民族传统文化是紧密相连在一起的,传统体育运动不仅仅是锻炼身体,也是传播民族文化的过程。

第五节 传统体育非物质文化遗产的文化价值

一、民族传统体育文化的影响因素

民族传统体育文化来源于社会文化,中国社会文化的每一次变革,都会带来民族传统体育文化的重大变革。以唐朝为例,唐朝是我国封建社会的文化鼎盛时期,民族传统体育活动得到了极大的发展,从《全唐诗》以诗歌的形式对传统体育项目和风土人情的记载便可以看出。

民族传统体育文化受到文化变迁的影响。不同的民族有不同的文化,中国历史上出现过7次大规模的人口迁徙,任何一次的人口迁徙,无非是战乱、自然灾害等因素被迫为之,使得外来人口与当地人口有了更多的交流机会,促进了当地经济、文化的发展。

民族传统体育文化受到资源分布的影响,有的只能成为某一区域的特色体育文化项目,而无法成为普及性的体育项目。以赛龙舟为例,南方水资源丰富,赛龙舟项目在南方地区得到广泛开展,而北方则无法开展。受资源分布的限制,该项目的文化底蕴虽然能够被大众所接受,却只能成为荆楚节俗体育文化中的一个部分。

中国古代哲学思想认为万物之间相互联系、相互依存,人们崇尚"天人合一"的思想,因此,民族传统体育文化与节日习俗、历法、历史传说等都有密切的联系。看似只是一项民族体育活动,实际上是中华文明发展进程中对多元文化要素的融合,因此只有具有深厚文化意义的项目才能流传至今。

历史唯物主义认为,人民是历史的创造者,是社会物质财富和精神财富的创造者。民族传统体育项目是人民群众在长期的社会实践过程中形成的,又经过一代代人不断地发展完善,赋予了其传承的价值和意义。正是这种巨大的生命力,成为民族传统体育文化的魅力所在,维系着一个民族的凝聚力。

二、民族传统体育项目的文化价值

卢元镇所著的《中国体育社会学》一书中论述道,文化价值包括历史价值、社会价值和艺术价值,社会价值包括教育价值、经济价值和政治价值,每种价值又具有各自的特点。历史价值应具有时代性、人物性和事件性的特点,社会价值具有精神象征、情感认同、规范教育的特点,艺术价值具有原生性、活态性、完整性和独立性的特点。

一项民族传统体育活动可以具备单独的某个特点,亦可以是多个特点的综合。以布依族的"三月三"习俗为例,节日期间,族人不仅要做五色糯米饭,还要身穿枫衣、头戴枫叶,扫墓祭祀先祖,具有教人学会感恩、遵从孝道的历史价值;族人会在节日期间走亲访友、娱乐休闲、从事经贸活动、体育活动,又具有了社会价值;该民俗节日带动了当地旅游业的发展,开发了一系列产品品牌,比如广西五色糯米饭品牌又具有了经济价值。该民俗节日已被列入第三批国家级非遗代表作名录。

三、民族传统体育文化价值的标准

克雷马奇将体育文化价值的标准分为内在价值标准和外在价值标准,前者是一种固有的价值,比如意识形态、精神内涵、礼仪典制、人文伦理、审美情趣等层面上的价值;后者是外延性价值,如经济利益、社会功能等层面上的价值。

民族传统体育文化从价值结构上来看,应该包含民族价值和传统体育文化价值。民族价值包含了民族性、宗教性和地域性的特点,传统体育文化价值既包含有促进身体健康的健身价值,又包含有外延性价值。以西藏体育活动为例,"法王舞"活动是一种原生态的体育活动,该活动既是一项宗教礼仪性活动,也是一项体育锻炼的活动。

任何一项体育活动都无法脱离锻炼身体的艺术属性,由于人在实践活动中产生了某种价值诉求,于是就产生了与之相适应的文化特征,比如为了消遣闲暇时间,劳动人民发明了踢毽子,毽子制作方法简单,活动量不大,是一项老少皆宜的活动。

第六节　非物质文化遗产的相关政策法规

一、国际公约、协定

1959年，联合国教科文组织开始关注非物质文化遗产，先后以非洲文化、亚洲文化、非洲文化、拉丁美洲文化为研究对象，对这些地方的文化遗产及其文化价值等做了研究。

1966年11月4日，《国际文化合作原则宣言》，明确指明每种文化都有价值，必须予以尊重和保存。

1972年11月16日，《保护世界文化和自然遗产公约》，首次采用国际保护机制来对世界文化和自然遗产提供保护目标。

1977年3月2日，《班吉协定》，是首次明确保护民间文学的条约。

1982年，《保护民间文艺表达形式，防止不正当利用及其他侵害行为的国内法示范法条》，规定了民间文艺的保护等内容。

1998年11月，《教科文组织宣布人类口头和非物质遗产代表作条例》，旨在号召各国保护口头和非物质遗产。

1989年11月15日，《保护民间创作建议案》强调保护无形遗产的重要意义。

2000年7月，《东盟文化遗产宣言》规定，保护东盟十国的文化遗产资源，并对文化遗产做了定义。

2000年6月26日，《关于保护和捍卫原住民的文化特性和传统知识的集体权利特别知识产权制度的法律及相关措施》，鼓励原住民注册登记传统资源。

2002年11月,《太平洋岛国论坛保护传统知识和文化表达形式的框架协议》,为南太平洋各国保护文化遗产提供了法律依据。

2003年10月17日,《保护非物质文化遗产公约》,明确了非物质文化遗产的定义。

二、国内政策法规

非物质文化遗产属于不可再生资源,需要建立相应的法律法规政策,做到依法保护。在非遗的申报审评、基础设施的建设、保护方式方法、传承人的管理、保护专项经费等各个方面均有法可依。

1. 国家非物质文化遗产保护的政策及法律法规

2004年4月25日,住房和城乡建设部、文化部、国家文物局、财政部印发了《关于切实加强中国传统村落保护的指导意见》。

2004年4月08日,财政部、文化部公布了《中国民族民间文化保护工程实施方案》,旨在加强我国民间文化遗产的保护工作。

2005年3月26日,国务院发布《国家级非物质文化遗产代表作申报评定暂行办法》,旨在规范非遗项目申报和评定工作。

2005年12月22日,国务院发布《关于加强文化遗产保护的通知》,要求建立国家级、省级、市级、县级非物质文化遗产保护体系。

2006年7月13日,财政部、文化部公布了《国家非物质文化遗产保护专项资金管理暂行办法》。

2006年5月20日,国务院发布《关于公布第一批国家级非物质文化遗产名录的通知》。

2007年5月23日,文化部办公厅公示了第一批国家级非物质文化遗产项目代表性传承人名单。

2008年1月26日，文化部了公布第二批国家级非物质文化遗产项目代表性传承人名单。

2008年5月14日，文化部审议通过了《国家级非物质文化遗产项目代表性传承人认定与管理暂行办法》。

2008年6月14日，国务院发布《关于公布第二批国家级非物质文化遗产名录的通知》。

2009年6月12日，文化部公布了第三批国家级非物质文化遗产项目代表性传承人名单。

2011年2月25日，《中华人民共和国非物质文化遗产法》出台，旨在加强我国非物质文化遗产保护的工作。

2011年5月24日，国务院发布《关于公布第三批国家级非物质文化遗产名录的通知》。

2012年12月20日，文化部公布了第四批国家级非物质文化遗产项目代表性传承人名单。

2014年11月11日，国务院发布《关于公布第四批国家级非物质文化遗产名录的通知》。

2018年3月修订版的《中华人民共和国宪法》第二十二条规定保护历史文化遗产。

2018年05月16日，文化和旅游部公布了第五批国家级非物质文化遗产项目代表性传承人名单。

2019年1月11日，国家民族事务委员会文化宣传司和国家体育总局群众体育司发布了《少数民族传统体育项目竞赛和表演规则及裁判法》（2018年修订版）。

2019年6月17日，国务院发布《2019年深入实施国家知识产权战略加快建设知识产权强国推进计划》，其中提到了关于非物质文化遗产传承人的知识产权保护。

2. 地方性非物质文化遗产保护的政策法规

建立地方性保护非遗项目的规章制度，是为了更好地落实国家政策，结合《中华人民共和国非物质文化遗产法》和当地实际情况制定出台的条例有省级、市级非物质文化遗产保护条例，省级、市级、县级民族民间文化保护工程实施方案，省级、市级非物质文化遗产保护与管理暂行办法，省级、市级、县级非物质文化遗产名录保护体系。

有针对开展非遗保护工作的单位、团体的保护性法规，比如《苏州市非物质文化遗产分类保护示范基地命名与管理办法》《河北省非物质文化遗产传播基地命名与管理暂行办法》。

有单独针对某个非遗项目出台的保护性法规，比如黎平县《侗族大歌保护办法》。

有针对非遗传承教育的规章制度，比如贵州省2002年颁布《关于在全省各级各类学校开展民族民间文化教育的实施意见》。

有针对非遗文化知识产权的保护性法规，比如《广西壮族自治区民族民间传统文化保护条例》第三十二条、《浙江省非物质文化遗产保护条例》第三十条都明确对非遗的知识产权予以保护。

有针对少数民族地区非物质文化遗产保护的政策法规，比如贵州省于2011年发布的《中共贵州省委关于贯彻党的十七届六中全会精神推动多民族大发展大繁荣的意见》；云南省于2000年颁布了《云南省民族民间传统文化保护条例》，其中对政府职责、工作方针、保护与抢救、奖惩制度等做出了规定。

三、关于非物质文化遗产的传统节日

1. 文化和自然遗产节日

2006年5月，我国政府将每年6月第二个星期六定为"文化遗产

日",2016年9月,国务院同意将其调整为"文化和自然遗产日",旨在提高全民保护非遗的意识,动员全民参与非遗保护。

历年的节日活动主题各不相同:2006年的节日活动主题是"保护文化遗产,守护精神家园",2007年的节日活动主题是"保护文化遗产,构建和谐社会",2008年的节日活动主题是"文化遗产人人保护,保护成果人人共享",2009年的节日活动主题是"保护文化遗产,促进科学发展",2010年的节日活动主题是"非遗保护,人人参与",2011年的节日活动主题是"文化遗产与美好生活",2012年的节日活动主题是"文化遗产与文化繁荣",2013年的节日活动主题是"文化遗产与全面小康",2014年的节日活动主题是"让文化遗产活起来",2015年的节日活动主题是"保护成果全民共享",2016年的节日活动主题是"让文化遗产融入现代生活",2017年的节日活动主题是"文化遗产与'一带一路'",2018年的节日活动主题是"多彩非遗,美好生活",2019年的节日活动主题是"非遗保护 中国实践"。

2. 成都国际非物质文化遗产节

成都国际非物质文化遗产节是由国务院批准的国家级别的节日活动,其宗旨是为了推动全世界各个国家对非遗保护的工作。

活动地点为成都,活动时间为每2年1届,自2007年以来,已经举办了共7次。首届成都国际非物质文化遗产节在成都的非物质文化遗产国家公园举行,来自68个国家及其国际性组织参与了此次活动,展示的非遗项目有1000余种,对成绩突出的参赛团队颁发了太阳神鸟金奖。在国际、国内专家共同参与的成都国际论坛上,共同通过了《保护非物质文化遗产成都宣言》,这是一份关于保护非物质文化遗产的宣言,该宣言内容已经被石刻并置于成都非物质文化遗产国家公园内。

3. 国际龙舟节

作为端午节的重要习俗之一,赛龙舟已然被世界各地人民所喜爱。首届国际龙舟节于1991年在湖南省岳阳市举行,之后分别在埃及、墨尔本、新加坡、立陶宛、多伦多等国家和地区举行。每届的赛龙舟比赛都会吸引多个国家的爱好者共同参与比赛,参赛队伍不仅越来越壮大,而且专业化程度越来越高。龙舟节为不同国家提供了彼此间文化交流的机会,也加深了来自不同国家人民的友谊,也让更多的人了解到中国优秀的传统文化。

4. 国际太极拳运动大会

国际太极拳运动大会的前身是中国·永年国际太极拳联谊会,该联谊会是1991年由河北省政府举行的活动,每2年举办1届,活动内容包含了团体表演、竞技表演、名师讲座、拜师授艺、祭祖、参观故居等活动,这是一场太极拳爱好者切磋技艺的盛会,也是一场保护和传承非物质文化遗产项目的活动,不仅弘扬了太极文化,也让更多的海内外人士了解太极拳、热爱太极拳、学习太极拳。

自1991年至2008年,联谊会已经举办了9届。2008年,国家体育总局武术运动管理中心、中国武术协会、河北省体育局重新定名,将其改名为国际太极拳运动大会,旨在促进国际文化交流,传承太极拳。

5. 全国少数民族传统体育运动会

举办全国少数民族传统体育运动会有利于传统体育项目的规范化,参与运动会的项目要有规范的比赛规则、便于操作,有利于传统体育文化传承的规范性。自1953年首届运动会在天津举办后,迄今已经举办了11届。每一届,都会新增传统体育项目(表1-10)。

表 1-10 历届少数民族传统体育运动会

届数	举办时间	举办地	新增的比赛项目
第一届	1953 年	天津	民族式摔跤、速度赛马
第二届	1982 年	内蒙古自治区	射箭
第三届	1986 年	新疆维吾尔自治区	射弩、荡秋千、抢花炮
第四届	1991 年	广西壮族自治区	珍珠球、木球、龙舟竞渡、搏克、且里西（维吾尔族式摔跤）、格（彝族式摔跤）、北嘎（藏族式摔跤）、绊跤（回族式摔跤）
第五届	1995 年	云南省	打陀螺、毽球、走马、跑马射击、跑马射箭、跑马拾哈达
第六届	1999 年	北京市	蹴球
第七届	2003 年	宁夏回族自治区	高脚竞速
第八届	2007 年	广东省	板鞋竞速、希日木（朝鲜族式摔跤）
第九届	2011 年	贵阳市	独竹漂
第十届	2015 年	鄂尔多斯市	民族健身操

6. 市级级别的民俗非遗节日大会

（1）海东市乐都区民族民间赛马大会

乐都北山跑马活动已经被列入青海省传统体育非遗项目代表作名录（编号：省Ⅲ-X-9）。它是乐都区北山地区的 8 个乡镇村民的体育活动之一。每逢农历六月，该地区便会召开赛马大会，由于北山地区覆盖乡镇的范围较大，因此该会由十多场赛马会共同组成，如寿乐仓家峡跑马会、李家角林顶跑马会、中岭平坦跑马会等。

最初的赛马会是一种祭祀活动，以藏传佛教寺院为主。赛马前，民众身着喜庆的民族服装，按照传统的民俗仪式祭祀山神，以祈求风调雨顺、人畜平安，然后举行赛马活动。赛马活动有固定的程序，首先是上香煨桑、念平安经，然后点名、签到、抽签分组，正式比赛开始。赛马又分为走马和跑马两种，以先到终点者为获胜一方。除赛马竞技比赛外，还设有马上表演活动，比如马上捡哈达、马上倒立。

(2) 青云谱舨王庙龙舟赛

青云谱舨王庙龙舟赛已被列入江西省非遗代表作名录（编号：省Ⅲ-175Ⅹ-2），是江西省青云谱区群众的体育活动之一。

该龙舟赛是为了纪念治服水怪而英勇牺牲的3位押运官而设立的，分别为三兄弟各建立了一座舨王庙，地点是在施尧村靠河处的上、中、下游三个居住地。每年农历四月初八，村民便会举行舨王庙祭祀活动，以祈求河道平安。

祭祀仪式有固定程序，首先要点烛祭拜杨四菩萨，念祭祀词，然后祭祀队伍游行至舨王庙，家家户户会放鞭炮、烧香祭拜、迎接菩萨，祈求平平安安；然后祭拜舨王庙。祭拜活动结束后，人们会来到比赛地点观看龙舟赛。

该项目传承人并非个人，而是集体传承，即青云谱区施尧村村委会。为了更好地传承发展下去，2001年，成立了象湖龙舟队，该龙舟队参加了全国大小型各类龙舟赛，比如第六届农民运动会，均取得了优异的成绩。

第二章
国内体育非物质文化遗产的研究进展

一、传统体育非物质文化遗产保护的相关研究

有关传统体育非物质文化遗产保护的学术期刊中，各学者提出了各自的保护策略，大致有如下几种：

其一，保护传统体育非物质文化遗产一定要理清其概念及特点，才能有效保护传统体育非物质文化遗产。

其二，保护传统体育非物质文化遗产是要保护其所在的生态环境。孙昊亮、王静在《论民族传统体育非物质文化遗产保护》中提出，要保护民族传统体育赖以生存的文化生态环境，建立以政府部门行政保护为主导，民间团体自发保护为主体、积极吸引群众参加的立体化保护模式，更好地保护民族传统体育非物质文化遗产。

其三，保护传统体育非物质文化遗产是要做好名录分类工作，不同的分类采用不同的保护工作。牛爱军在《非物质文化遗产视野下的民族传统体育的保护、传承和发展》中认为，民族传统体育的保护应该按照名录中的具体要求做好分类工作，注意处理好保护与开发的关系。谢菲在《非物质文化遗产项目代表性传承人名录保护制度反射性影响研究——基于花瑶挑花传承人 FTM 生活史的调查》一文中指出，非遗名录保护制度对传承人的个人生活等方面都产生了很大的影响，应建立相应的管理机制来避免这种情况的发生。

其四，保护传统体育非物质文化遗产应重视"人"的传承。肖正德在《非物质文化遗产保护要以人为主》一文中认为，保护非物质文化遗产注重的是知识、情感、技能、手艺及其"活体"的传承，引导人们关注自己的生产生活方式、情感和智慧表达。吕静、薄小钧在《"非遗"传承人保护政策的再思考》中提到，重点保护精英式代表传承人的政策并不符合非遗多样性的特点，应更多关注对普通传承人的保护。

其五，保护传统体育非物质文化遗产应重视知识产权制度的建立。赵艳在《知识产权视野下的传统武术保护》一文中提到了传统武术文化的法律保护遇到的困境并提出解决对策。张玉超、李红卫在《知识产权视野下我国民族传统体育文化的法律保护》中分析了该制度对民族传统体育文化保护的价值所在，目前的状况以及存在的问题，然后提出解决对策。王卓、崔乐泉在《对我国优秀民族传统体育非物质文化遗产保护与知识产权制度兼容与互动的研究》一文中从民族传统体育知识产权保护体系的构建进行叙述，包括著作权、商标权、专利权的保护。

二、传统体育非物质文化遗产传承与开发的相关研究

伍娟、林志军在《民族传统体育非物质文化遗产保护传承研究》中提出，开发、构建社区民族传统体育非物质文化遗产传承发展体系，加强学校传承功能，建立数据库。

普丽春在《少数民族非物质文化遗产的理论研究综述》中强调，教育传承是目前少数民族非物质文化遗产最佳的保护方式。陈孟昕、张昕在《中国高等院校首届非物质文化遗产教育教学研讨会综述》中谈到，高等院校应该发挥保护传承当地文化遗产的桥梁作用，培养专业的保护非物质文化遗产的人才队伍。

陈莉在《非物质文化遗产的保护与开发利用》中提出，开发利用非物质文化遗产，适合现代消费者的口味，迎合了时代的需求，同时带来了经济效益，但是它无法代替原汁原味的保护与传承。徐赣丽在《非物质文化遗产的开发式保护框架》中认为开发也是保护非遗的一种有效手段，比如开发旅游市场，而贾鸿雁在《论我国非物质文化遗产的保护性旅游开发》中并不认同这种观点，认为任何一种开放模式都是在破坏非遗。

虞定海、牛爱军在《太极拳申报"人类非物质文化遗产代表作"》研究中认为，太极拳申报非物质文化遗产应为成功申报奠定良好的基础，建立长效机制，完善准备材料，建立申报机构。

汤立许、蔡仲林、秦明珠在《蔡李佛拳非物质文化遗产的内涵及传承》中提出，保护蔡李佛拳应该借用媒体效应扩大影响力，通过学术交流展示其文化内涵和民族精神，承办武术比赛，提升知名度。

三、民族传统体育项目法律的相关研究

我国对民族传统体育项目的保护、传承和发展早在20世纪90年代便已经出台一系列相关政策。1995年，《全民健身计划纲要》规定在民族地区广泛开展以少数民族传统体育项目为主的体育健身活动；2009年，《国务院关于进一步繁荣发展少数民族文化事业的若干意见》第十一条规定提到鼓励举办具有民族特色的文化展演和体育活动并且

办好全国少数民族传统体育运动会。

通过查阅文献，我国学者针对少数民族地区非物质文化遗产法律问题从不同角度做了研究。

有些学者以单个非遗项目为例做了研究，比如李小苹《西北民族地区非物质文化遗产法律保护的个案研究——以甘肃临夏砖雕保护为例》。

有些学者以地区为例做了研究，比如唐子媛、刘影、李梓铭《少数民族非物质文化遗产保护的法律问题研究——以湘西土家族苗族自治州为例》、王必昆《论少数民族地区非物质文化遗产的法律保护——以云南省红河哈尼族彝族自治州为例》、赵方《对加强西北地区非物质文化遗产法律保护的思考》、蓝雯《立法保护：非物质文化遗产保护的根本保障——浅谈湖北恩施土家族苗族自治州非物质文化遗产的法律保护工作》等。

有些学者从知识产权的角度进行研究，比如张锐《以知识产权保护为视角研究我国民族传统体育非物质文化遗产的法律保护问题》、曾小娥、肖谋文《我国民族传统体育非物质文化遗产的法律保护——以知识产权保护为视角》。

第三章
传统体育非物质文化遗产的理论基础

2004年,中国成为《保护非物质文化遗产公约》的缔约国之一。2006年,在缔约国第一次会议上,中国成为保护非物质文化遗产政府间委员会成员之一,其职责是履行2003年联合国通过的《保护非物质文化遗产国际公约》。事实上,我国早在2003年之前便已经开始整理、保护和发展非物质文化遗产,政府组织、社会各界人士都积极地参与到了非物质文化遗产保护的活动中,并取得了可喜的成绩。以学术研究为例,统计中国知网自2004年至今收录的期刊论文数量,以非物质文化遗产为关键词,共有文献2万余篇,其中2004年有68篇,2005年有123篇,2006年有530篇,2007年有842篇,2008年有1200篇,2009年有1452篇,2010年有1670篇,2011年有2251篇,2012年有2540篇,2013年有2418篇,2014年有2496篇,2015年有2561篇,2016年有2614篇,2017年有2633篇,2018年有2672篇,从发表文献的数量来看,研究成果硕果累累。

第一节　马克思主义人类学理论

马克思主义思想是被实践证实的科学的思想体系，是科学的世界观、方法论，能为非物质文化遗产的保护、传承和发展研究提供科学的理论基础。充分运用马克思主义理论，结合具体的非物质文化遗产项目，理论联系实际，全面系统有效地保护、传承和发展非物质文化遗产。

文化遗产包括物质文化遗产和非物质文化遗产两个部分，两者是一个有机的整体，相互联系，不可分割，文化遗产的研究可以从人类学的角度来审视。

马克思主义人类学是马克思主义理论重要的组成部分，揭示了人类社会发展的规律。恩格斯运用人类学的理论方法，撰写了《英国工人阶级状况》一书，这部客观真实记录当时时代现状的著作，揭示了无产阶级革命的必然性，资本主义必定灭亡的人类社会发展规律，奠定了它在人类学史上的重要学术地位。

马克思受人类学的熏陶，深入研究人类学，从他的代表著作《〈黑格尔法哲学批判〉导言》《德意志意识形态》《资本论》中可看出。马克思认为人之所以是人，而不是动物，是因为人是用社会性去改造自然。

马克思主义人类学是以人的自由全面发展为目标，以实践唯物论和历史唯物论为基础，揭示人类社会发展及其规律，为人类学发展奠定科学基础。马克思主义人类学的重要特征是社会实践性，这也是马克思主义区别于其他理论学说的根本标志。从实践中来，到实践中去是马克思主义理论的品格。实践出真知，实践是检验真理的唯一标准,实践是认识世界的基础,科学的理论源于实践。马克思主义的实践性、科学性,在保护非物质文化遗产的活动中具有重要的指导作用,只有符合社会发展规律,保护非物质文化遗产的实践活动才不会走入歧途。在正确的理论指导之下,通过实践不断地积累经验,丰富的非物质文化遗产保护的自身理论,从而建构出非物质文化遗产保护自身的传承发展的方法和思路。

非物质文化遗产项目种类繁多,分布广泛,针对不同的非物质文化遗产项目,要具体问题具体分析,探索出适合特定项目的保护传承之路。

1. 物质生产理论是马克思主义的理论基石

恩格斯《在马克思墓前的讲话》中指出,"正像达尔文发现有机界的发展规律一样,马克思发现了人类历史的发展规律,即历来为繁芜丛杂的意识形态所掩盖着的一个简单事实:人们首先必须吃、喝、住、穿,然后才能从事政治、科学、艺术、宗教,等等"。物质资料生产是人类最基本的实践活动,国家制度、思想情感、文化艺术等精神文化生活是物质生活的产物。非物质文化遗产属于非物质性文化遗产,它不能孤立地存在,是建立在物质生产的基础上的。

2. 非物质文化遗产见证人类历史的发展

马克思主义注重研究人类历史发展的规律,注重研究人类文化的起源、发展、变迁和传播。马克思主义认为,研究物质生产本身要以历史的形式进行研究,因为人类社会发展具有继承性,历史的发展、兴衰是在前人的基础上继承的,在时代的不断适应中发展的,是物质生产和精神生产的集合体。研究非物质文化遗产项目,就要研究当时社会生产力的发展状况和文化环境,这些都是非物质文化遗产保护、传承和发展的重要基础。只有梳理清楚非物质文化遗产项目的发展脉络,才能更好地保护、传承和发展非物质文化遗产。

3. 非物质文化遗产与生产力发展水平密切相关

非物质文化遗产项目是人民大众劳动的成果，是人民大众运用智慧在生产劳动过程中创造出来的结晶，反映了当时生产力发展水平，体现了本民族的文化特色风格和审美情趣。马克思主义认为，人类物质财富和精神财富的创造效率取决于科学技术水平，即科学在生产上的应用，与人类的劳动时间和消耗的劳动量没有太大关系。因此，科学技术越发达，人类创造财富的效率越高，非物质文化遗产的技艺也越成熟。

4. 自然界和人类文化是非物质文化遗产产生的基础

自然界是人类赖以生存的基础，是一切人类劳动资料的源泉，是人类各种生产活动的前提。马克思主义认为，人类的劳动成果在劳动一开始已经在劳动者的观念中存在了，劳动者不单使自然物的形式发生变化，还在自然物中实现其目的。由此可知，人类是运用智慧对自然界进行改造，而非出于动物本能。正如蜜蜂筑蜂房的本领虽然高明，但这只是出于蜜蜂的本能，而人类建筑师从一开始便在头脑中已经设想规划出来，在建筑过程中可以融入自己的建筑目的。

非物质文化遗产是人类创造的文明成果，是为人类社会发展服务的，体现了社会价值。马克思主义认为，宗教、文学、艺术、法律等文化均有自身的价值，人们要从历史遗留的这些文化中学习、继承和发展。

第二节　文化变迁理论

一、文化变迁的因素

文化变迁是一种文化改变，正如人类的发展史本身就是一部文化变迁史。《文化的变异》中提到:"正如没有哪个人会永远不死一样,文化模式不可能一成不变。"文化变迁是文化的产生、发展、进步等变化过程的合称,文化变迁的历史其实是时代变迁的历史、社会变迁的历史,是一个漫长的历史过程。社会早期,学者们针对文化变迁的因素提出诸多观点,有社会发展观点、心理因素观点、文化传播观点。

事物的发展受内部、外部因素共同作用的影响,任何文化现象、内容、形式、特质等都会随着时间的推移发生改变。从外部因素来看,文化变迁受飞速发展的生产力、不断进步的科学技术、层出不穷的新发明、社会组织形态、自然生态环境和社会环境之间的关系等因素影响;从内部因素来看,文化变迁受到人与人之间价值观的冲突、生活方式的转变、意识形态等因素的影响。由此可知,文化变迁的因素是相互作用的结果,文化变迁机制复杂。

美国人类学家、文化变迁理论学派赫斯科维茨认为,不同文化组成部分合成的文化群体之间不断发生文化接触,会导致各自文化群体原有文化模式的变化。不同的文化群体,在相互接触的过程中也会发生文化模式的改变,文化变迁加剧了非遗的融合、摈弃和消失,出现传统文化的断层,这是文化变迁的必然结果。非物质文化遗产保护的重要举措应是避免传统文化断层,赋予非物质文化遗产发展动力,带动传统文化活力,使其顺应文化变迁的发展要求。

事物之间是相互联系、相互发展的。相互联系的事物之间会保持一定的平衡度,以维持其良好的关系,当这种平衡被打破时,事物之间的关系处于紧张状态。文化滞后理论是研究相互联系的文化各部分之间关系的不协调,该理论最早是由威廉·奥格本提出的。

二、文化变迁的意义

人类学认为,文化变迁属于正常的社会现象,是一种文化的进步,对人类文化的发展具有积极的促进作用。

1. 促进新文化的发展

一种新文化的产生过程是量变到质变的过程,是旧文化被剔除、新文化建立的过程,这个过程依赖于文化变迁。不同类型文化的产生是各不相同的,这取决于文化变迁的速度。以足球为例,古文献记载的蹴鞠、踢鞠便是今天所说的足球运动。最早记载类似足球运动的古文献是《史记》,其中说到"临淄甚富而实,其民无不吹竽、鼓瑟、弹琴、击筑、斗鸡、走狗、文博、蹋鞠者"。秦汉三国时期,时局动荡,百姓生活苦不堪言,体育运动发展甚缓;西汉时期,社会经济发展稳健,人民生活水平提高,各种体育娱乐活动得到发展,蹴鞠成为一项娱乐竞技活动,并有了完善的竞赛制度;魏晋南北朝时期,社会局势混乱,民不聊生,蹴鞠等体育娱乐活动陷入停滞;进入到唐朝时期,社会发展空前繁荣,蹴鞠的踢法不仅丰富多样,而且球门得到了改进;宋、元朝时期,民间体育组织增多,蹴鞠等竞技性体育运动比赛逐渐规范化;近代以来,中国足球在中西体育影响下得到了长足的发展。

2. 实现文化的多元性发展

中国传统文化深厚的文化底蕴影响着我们的价值观、世界观等理念。时代的进步、社会政治局面的稳定以及经济的繁荣发展,促进了文化的多元性发展。体育文化受社会发展的影响不断进步,跑鞋取代了布鞋,新材料制作的足球更有特点,体育器材设施不断改进和提高,体育精神文化、体育制度文化也会顺应时代潮流不断进步、共同发展。

第三节 解释人类学理论

人类学研究的一个领域是关于文化，将文化视为一门学科进行研究，即运用科学的理论方法研究各个民族的文化，试图通过分析不同民族的文化来找出人类文化的共性，从而揭示本质内容。

在研究文化的过程中，学者对其他民族的文化偏见会影响对文化的研究。此外，文化与自然、社会的关系，文化的变迁规律等都是与文化相关的内容，以前却未被纳入研究中，带着这些问题，马克思·韦伯、帕森斯、吉尔伯特·赖尔等人倡导对文化进行解释。美国人类学家克利福德·格尔茨受其启发，提出了解释人类学的理论，从客观的角度去解释文化，倡导研究文化的象征性符号、文化的意义和文化的思维。

所谓解释文化的意义，就是理解文化的各个要素在文化系统中的含义、地位和功能。运用人类学研究的基本方法描述文化现象，将其放入一个符号系统中，讨论文化各要素之间的关联度，以揭示文化内涵。

田野调查法又称实地调查或现场研究，最早是由英国功能学派的马林诺夫斯基提出，他认为当地人是这个民族文化的主体，他们用自己的思想见解来规范事物；同理，他们也会用这种内部的眼界去理解其他人对这些事物的看法。格尔茨赞同这种看法，即从当地人的思想去理解当地文化的研究方法，格尔茨在摩洛哥等地做事实调研时，尽可能让自己置身于当地人的生活中，从他们的视角去理解他们的思想、行为、文化等内容，从而揭示该民族文化的本质。格尔茨认为，理解一个民族文化的意义应重视与该民族文化相关联的因素，在历史发展的长河中，各民族文化受社会背景、自然地理、经济发展等外在因素的影响，宗教信仰、服饰、民俗等各不相同。

只有将民族文化的研究置身于整个民族发展的大背景中，才能真正明白文化的意义。在研究我国体育非物质文化遗产时，解释人类学可以帮助我们理解传统体育项目的文化意义，以便我们能做好保护体育非遗项目的工作。比如以那顿为例，运用田野调查法，探究为什么那顿运动在水族中如此受欢迎，水族人民举行该活动的动力是什么，我们可以考察那顿运动产生时期水族当时的生产生活方式、宗教信仰、经济状况、社会结构等历史背景，依次剖析那顿运动的象征意义，解释该运动的文化意义。

第四章
传统体育非物质文化遗产的项目及传承人

第一节 民族传统体育项目

民族传统体育项目有着悠久的文化历史、鲜明的民族特色、丰富多彩的活动内容。我国地域辽阔，人口众多，地理分布特征为大杂居、小聚居，劳动人民在长期生产实践过程中创造出了丰富多样的体育活动，通过这些活动，我们能够了解不同民族的风土人情、宗教信仰、生产生活方式等，进一步认识该民族的传统文化。

一、民族传统体育项目形成的背景

1. 图腾崇拜

图腾崇拜是一种原始宗教行为，其对象多为蛇、熊、龙、狼等动物，其方式为祭祀，其目的是为了祈福，可以是祈求风调雨顺、颗粒丰收，或者祈求国家繁荣昌盛等。这种行为是受当时社会生产生活水平低下、无力抵御频繁发生的自然灾害等情况,只能寄希望于神灵庇佑,于是诞生了以图腾崇拜为目的的传统体育活动项目。

2. 生产生活方式

我国幅员辽阔,北方与南方的自然环境差异明显,受居住地区的自然环境影响,出行交通工具、生活方式各不相同,北方人民多以放牧和旱地耕种为生,牛、骆驼、马等既是生产工具也是出行交通工具,由于四季分明,各个季节都有不同的体育活动项目,比如春天放风筝,冬天溜冰。南方多为水乡,船只是人们的出行交通工具,于是诞生了江南竞渡的体育活动项目,比如苗族的划龙舟、京族的游水捉鸭、布依族的划竹排比赛、白族的洱海龙舟赛等。人们在生产过程中创造的体育活动,比如土族的轮子秋、裕固族的打摎抛、撒拉族的拔腰、蒙古族的摔跤等;围绕动物的体育活动项目,比如柯尔克孜族的飞马拾银、哈萨克族的叼羊等。

3. 宗教信仰

人类社会早期,社会生产力水平低下,自然灾害频繁,为了生存下去,希望神灵庇佑,于是当时的人们举行各种祭祀活动,在许多的传统民族节日活动表演中我们能感受到浓烈的宗教气息。

每个民族都有各自的宗教信仰,有各自的宗教节日以及宗教活动。例如,彝族的火把节,苗族的鼓藏节。侗族的祭萨,"萨"的意思是保佑人民的侗族女英雄,祭萨为了祈求萨神保佑风调雨顺。

4. 民俗礼仪

民俗礼仪反映了各民族人民的日常生活活动,为人民大众的生活增添乐趣。例如,山东青州的青州花毽,毽子漂亮美观、动作花样百出,既融合了舞蹈的优美柔和,又展现了武术的阳刚之气,还可以用于竞技比赛一决高下,是老少皆宜的体育娱乐活动,也是集养生价值、美学价值、历史价值于一体的传统体育活动项目。

5. 战争

自古以来，每个时代都有战争的烙印，为了抵御外族入侵、保卫家园，人民群众创造的体育活动与战争相关，比如蒙古族擅长骑射，于是产生了赛马、射箭、赛骆驼等体育竞技活动；为了赤膊上阵杀敌，产生了角力、朵加、摔跤等比试力量的体育活动。

二、民族传统体育项目的分类

1. 根据民族进行分类

表 4-1 将我国 56 个民族的传统体育项目做了较为详细的分类，其中汉族的传统体育项目有 301 项，少数民族的传统体育项目有 676 项。

表 4-1 传统体育项目分类表

序号	民族	代表性项目
1	蒙古族	摔跤、赛马、赛骆驼、射箭、打唠唠球、击石球、贵由赤、踢牛嘎拉哈、打布鲁等
2	回族	踢毽、拔河、打抛、打铆球、打梭儿、赶老牛、斗鸡赛、拔腰、拔河、顺风扯旗、打权杨、回民七式、通背拳、八门拳、爬杆、摞石锁、打砖、弹腿、洒蛋蛋等
3	藏族	赛牦牛、射响箭、射箭、娃郎得、套圈、跑马打枪、抱腰、击球、马术、打牛角、角力、游泳、"大象"拔河、赛马、朵加、骑马点火枪、举皮袋等
4	维吾尔族	摔跤、轮转秋千、帕卜孜、赛马、叼羊、抢花帽、打嘎儿、萨哈尔地、走索、顶瓜竞走等
5	苗族	荡秋千、划龙舟、踢毛菌、打花棍、爬坡杆、打泥脚、麻古、接龙舞、打"草蛇"、跳狮子、射弩、跳鼓、射背牌、打禾鸡、舞狮、猴儿鼓舞、打花辊、苗拳等

续表

序号	民族	代表性项目
6	彝族	打跳、跳鸡毛球、赛马、射箭、蹲斗、弹豆、拔萝卜、斗鸡、舞龙、耍狮子、斗牛、磨秋、打陀螺、跳火绳、刀术、耍龙、赶老牛、跳板凳、跳高脚马、顶扁担、跳单门（跳大单门和跳小单门）、皮风子、绵羊拉绳等
7	壮族	投绣球、板鞋竞技、洪拳、打陀螺、扒龙船、芭芒燕、扳腰、射柳、抢花炮、舞狮、舂榔争娃、蚂拐棍、翡翠舞、虎抱羊、踩风车、打扁担、背篓球等
8	布依族	耍狮、赛马、抵杠、把式舞、荡秋千、打"乌龟"、丢花包、划竹排比赛、花棍舞、打格螺、铁链械等
9	朝鲜族	拔河、跳板、铁连极、摔跤、荡秋千、顶罐走、投骰等
10	满族	冰嬉、踢石球、射香火、射兔、滑冰、赶石弹、跳马、跳百索、嘎啦哈、放风筝、荡秋千、双飞舞、跳骆驼、跳百索、雪地走、铜锣球、打冰嘎、打牛毛球、踢毽、摔跤、狩猎、拉地弓、举重石、溜冰车、射鸽、掷子等
11	侗族	舞龙头、投火把、哆毽、踩石轮、侗拳、抢花炮、草球、踩芦笙、踩高脚、耍"春牛"、摔跤、三三棋等
12	瑶族	人龙、打陀螺、独木桥、打长鼓、伞舞、瑶拳、芦笙长鼓舞、串春珠、顶木杠、木头球、打猎操、刀舞、独木滑冰、盾牌舞等
13	白族	耍火龙、赛马、舞龙头、登山、赛龙船、跳火把、荡秋千、打陀螺、仗鼓、老虎跳、人拉人拔河、洱海龙舟赛、霸王鞭等
14	土族	踢毽子、帝王走、打毛蛋、轮子秋、拔腰、赛牦牛、拉棍等
15	哈尼族	跳高跷、鸡毛球、打石头架、侗尼尼、跳竹竿、摔跤、赛蒙抬、磨秋、乐作舞、打陀螺等
16	哈萨克族	躺倒拔河、姑娘追、马上摔跤、赛马、叼羊、摔跤等
17	傣族	堆沙、鸭子赛跑、打陀螺、青蛙赛跑、游泳跳水、丢包、傣拳、跳竹竿、赛龙舟、藤球、象脚鼓、击抬鼓等

续表

序号	民族	代表性项目
18	黎族	弹弓、跳竹竿、铁铃双刀、射箭、顶膝盖、打狗归坡、打花棍、串藤圈、粉枪、射击等
19	傈僳族	顶杠、顶牛、跳高、爬树、爬竹竿、爬绳比赛、砍竹竿、投掷、四方拔河、跳远、滑板子、划爬子比赛、爬山、皮球丢、射箭、扭扁担、泥弹弓等
20	佤族	舂米舞、射弩、顶杠、抽陀螺、木鼓舞、爬杆、牛角棋、藤球、鸡毛球、摔跤、踩脚舞、拔腰力等
21	畲族	畲族拳、稳凳、打野战、赛"海马"、虎抓羊、舞铃刀、操石磉、舞狮、打柴棒、斗牛、打尺寸、抢山猪头等
22	高山族	顶壶竞走、背篓球、放风筝、赛跑、弄狮、角力、射猪、拔河、荡秋千、舞龙、刺球、踢毽子、对棍、背篓球、拉竿、龙舟竞渡、头目棋、摔跤等
23	拉祜族	双棍术、过独木桥、跳绳、打马桩、拉祜棍术、高跷、鸡毛球、瞎子摸鱼、射弩、投茅、老虎拳、打陀螺、爬杆摘果、双刀术、跳芦笙、荡秋千等
24	水族	翻桌子、赛马、扭扁担、铜鼓舞、狮子登高、斗牛舞、扳腰、水族武术等
25	东乡族	巴哈邦地（摔跤）、赛马、跑火把、走骡比赛、三连石击比赛、骑木划水、羊皮筏子竞渡、夹木过河、骑木划水、一马三箭、打鞭子比赛、人牛泅渡等
26	纳西族	秋千、东巴武术、跑罐子、内窝扑（射箭）、飞石锁、丽江球、偷狐儿、赛马、东巴跳、占占夺（摔跤）等
27	景颇族	爬滑竿、刀术、赶猪、扭杠、蛇龙、顶杠、摔跤、荡秋千、火枪射击、走子棋、拉拉等
28	柯尔克孜族	马上角力、马背拔河、扔木棒、月下赛跑、追姑娘、翻跟斗、射元宝（骑马射箭）、狩猎、科力布卡（颈力拔河）、棒击球、二人秋、牛毛球、叼羊等

续表

序号	民族	代表性项目
29	土族	台毽巴嘎（踢毽子）、赛牦牛、拔腰、拉棍、打毛蛋、轮子秋等
30	达斡尔族	萨克、射箭、掷坑、颈力、曲棍球、陶力棒、波依阔、赛马、摔跤、滑雪等
31	仫佬族	打篾球、打灰包、抢花炮、象步虎掌、竹球、游泳等
32	羌族	摔跤、秋千、蛾捉（抱蛋）、扳手劲、气功、抽陀螺、推杆、扭棍子、跳盔甲、圆圈舞、观音秋、骑射等
33	布朗族	布朗舞、亚都都、藤球、斗鸡、跑马、爬竹竿、唱灯等
34	撒拉族	赛瓦、打"蚂蚱"、滑柴、耍哑铃、摔跤、蹬棍、踢毽子、游泳、骑术、打缸、拔腰、放木筏等
35	毛南族	同顶、举石担、同背、射骑、牛角骑、三棋、同填、抛沙袋、都拼、马草球等
36	仡佬族	打花龙、抢花炮、踩堂舞、打篾鸡蛋球、游泳、象步虎掌、高台舞狮、牛筋舞等
37	锡伯族	摔跤、欻嘎拉哈、打瓦、射箭、滑冰、打螃蟹、踢熊头等
38	阿昌族	棍术、车秋、甩秋、耍白象与青龙、射弩、蹬窝罗、阿昌拳术、刀术等
39	普米族	搓蹉（锅庄舞）、磨秋、射弩、摔跤、射箭、击鸡毛球、赛跑、跳高、布球、板羽球、摔跤等
40	塔吉克族	挂波齐（马球）、赛马、叼羊等
41	怒族	踢脚（脚斗）、滑草、怒球、祭天舞、摔跤、跳竹、划猪槽船、虎熊抱石头、溜索等
42	乌孜别克族	叼羊、赛马、摔跤、击木等
43	俄罗斯族	嘎里特克（击木）、波尔卡舞、克拉科维克舞等
44	鄂温克族	套马、熊斗舞、滑雪、狩猎、赛马、抢枢、爱达哈喜楞舞等

续表

序号	民族	代表性项目
45	德昂族	竹竿舞、打陀螺、佛鼓舞、拨大压拳、射弩、打篾弹弓、象脚鼓舞、水鼓舞、梅花拳、狗拳、十七步刀、双剑、十二步棍等
46	保安族	甩抛尕、射箭、挥旗、抱腰、拔腰、羊皮筏竞渡、夺腰刀等
47	裕固族	拉棍、赛马、打蚂蚱、拉棍、顶牛、打摺抛、射箭、摔跤、拉爬牛、赛骆驼等
48	京族	跳竹竿、顶竹竿、踩高跷、游水捉鸭、打狗等
49	塔塔尔族	赛马、赛跳跑、爬杆等
50	独龙族	网石、巴楼木哇、滑草、射弩、滑草、蹬独木天梯、撑杆跳、跳高、溜索、老熊抢石头、拉姆、标枪、掰手劲、阿扁（摔跤）等
51	鄂伦春族	桦皮船、撑杆跳、塔理木哥（拉棍）、耶路里得楞（赛马）、夏巴（射箭）、射击、皮爬犁、斗熊等
52	赫哲族	鹿毛球、木枪射击、游泳、击木轮赛、恰尔奇刻（滑雪）、打爬犁、快马子赛、射箭、摔跤、叉草球、杜烈其、冰磨等
53	门巴族	巴加惹比（拔河）、狩猎、米嘎巴（射箭）、射马、射弩、火枪、摔跤、龙普勒（抱石）等
54	珞巴族	响箭、摔跤、掰手力、剥格（刀舞）、射箭、跳索等
55	基诺族	竹竿比赛、射弩、打毛毛球、射箭、泥弹弓、藤条拔河、踩高跷、跳牛皮鼓、大鼓舞等
56	汉族	蹴鞠、投壶、高跷、武术等

2. 少数民族传统体育发展的意义

我国是拥有56个民族的大家庭。汉族的传统体育项目多于各少数民族的传统体育项目，但是少数民族传统体育项目数量的总和远远高于汉族。

少数民族传统体育指的是流传在各少数民族地区的传统体育项

目，这些项目具有少数民族体育特色。首先是传统项目的名称，同一个项目，不同民族有不同的叫法，比如摔跤项目，蒙古族称之为博克，藏族称之为北嘎，彝族称为格，回族称为绊跤。其次是地域色彩浓厚，传统体育项目产生和发展的基础是地理环境，我国地域辽阔，北方四季分明、南方温暖湿润；北方多平原、山地，南方多丘陵、河川。因此有些传统民族体育项目只能出现在某个地域，比如北方的滑雪、南方的赛龙舟。再次是具有浓郁的民族风格，比如新疆地区的少数民族擅长歌舞，南方地区的少数民族擅长游泳。最后是传统体育项目体现了当地劳动人民的生产与劳作方式，北方民族以畜牧业为主，其传统体育项目有赛马、摔跤；南方民族以渔业为主，其传统体育项目有游泳等。

少数民族体育的特色，构成了内涵丰富的少数民族体育文化，这是世世代代少数民族人民智慧的结晶，是各个民族内在的、深层次的民族精神文化，传承了少数民族的宗教信仰、道德品质、价值观念、审美情趣。少数民族文化建设是实现中国梦的精神基础，是能够不断夯实实现中国梦的文化基础。少数民族传统体育文化是少数民族传统文化的重要组成部分之一，加强少数民族体育文化建设，能够促进少数民族之间的联系、振奋民族精神，调动少数民族人民的主体意识，激发建设中国特色社会主义现代化的能动性和积极性。充分挖掘和利用优秀的少数民族传统体育文化，继承和发扬优秀传统的同时，注入新时代的内容，使其具有新时代的意义，符合辩证唯物主义发展的观点，符合走可持续性发展道路的观点。

少数民族传统体育的发展能够带动少数民族地区经济的发展。相比于重工业、农业而言，第三产业更适合少数民族经济的发展，质朴的风土人情、秀美的自然风光、丰富多彩的节庆习俗，这些得天独厚的优势资源是发展少数民族体育产业的重要因素。

体育产业是我国的新型产业、朝阳产业，是加快我国经济增长方式转变的重要产业。以体育旅游业为例，少数民族传统体育项目使消费者有了更多的选择性，有攀岩等冒险性强的运动项目，有太极扇、八段锦等养生类的运动项目，有赛龙舟、舞龙舞狮等观赏性极佳的运动项目等等。诸多少数民族传统体育项目对场地器材设施要求不高，消费者也可以参与其中享受到体育的乐趣，比如竹竿舞、荡秋千、踢毽子、打陀螺等。丰富多彩的民俗节日吸引了大量的游客前来观赏，比如傣族的泼水节、彝族的火把节等。这些节日庆典中有丰富的民族传统体育项目表演，其表演形式多样，内容丰富多彩，衬托出节日的喜庆氛围。

第二节　传统体育非物质文化遗产项目传承人

传承人是非物质文化遗产的重要部分，为了弘扬优秀传统文化，更好地保护非遗，自 2007 年至今，经国务院批准文化部已经公布了五批国家级非遗项目代表性传承人名单，各地方政府也分别公布了省级非遗项目代表传承人名单。

一、第一批国家级传统体育非遗传承人名单

2007 年，文化部公布了第一批国家级非物质文化遗产项目代表性传承人名单，共 226 人，其中"传统体育、游艺与杂技"项目代表性传承人共 15 人（见表 4-2）。

表 4-2　"传统体育、游艺与杂技"项目代表性传承人名单

序号	姓名	性别	民族	项目名称	地区
01-0033	王保合	男	汉族	吴桥杂技	河北省吴桥县

续表

序号	姓名	性别	民族	项目名称	地区
01-0034	傅文刚	男	汉族	天桥中幡	北京市
01-0035	张国良	男	汉族	抖空竹	北京市宣武区
01-0036	李连元	男	汉族	抖空竹	北京市宣武区
01-0037	阿迪力·吾休尔	男	维吾尔族	维吾尔族达瓦孜	新疆维吾尔自治区
01-0038	赵剑英	女	汉族	武当武术	湖北省十堰市
01-0039	曹仕杰	男	回族	回族重刀武术	天津市
01-0040	石同鼎	男	回族	沧州武术	河北省沧州市
01-0041	杨振河	男	汉族	太极拳（杨氏太极拳）	河北省永年县
01-0042	韩会明	男	汉族	太极拳（杨氏太极拳）	河北省永年县
01-0043	王西安	男	汉族	太极拳（陈氏太极拳）	河南省焦作市
01-0044	朱天才	男	汉族	太极拳（陈氏太极拳）	河南省焦作市
01-0045	张西岭	男	汉族	邢台梅花拳	河北省邢台市
01-0046	李玉琢	男	汉族	邢台梅花拳	河北省邢台市
01-0047	胡道正	男	汉族	沙河藤牌阵	河北省沙河市

二、第三批国家级传统体育非遗传承人名单

2009年，文化部公布了第三批国家级非物质文化遗产项目代表性传承人名单（文非遗发〔2009〕6号），共711人，其中"传统体育、游艺与杂技"项目代表性传承人共19人（见表4-3）。

表4-3 "传统体育、游艺与杂技"项目代表性传承人名单

序号	姓名	性别	民族	申报地区或单位	项目名称	项目编码
03-1202	陈新发	男	汉	福建省宁德市	宁德霍童线狮	Ⅵ-6
03-1203	胡金超	男	汉	浙江省永康市	线狮（九狮图）	

续表

序号	姓名	性别	民族	申报地区或单位	项目名称	项目编码
03-1204	释永信	男	汉	河南省登封市	少林功夫	Ⅵ-7
03-1205	陈敬宇	男	汉	河北省沧州市	沧州武术（燕青拳）	Ⅵ-10
03-1206	吴连枝	男	回	河北省沧州市	沧州武术（孟村八极拳）	
03-1207	杨振国	男	汉	河北省永年县	太极拳（杨氏太极拳）	Ⅵ-11
03-1208	陈小旺	男	汉	河南省焦作市	太极拳（陈氏太极拳）	
03-1209	陈正雷	男	汉	河南省焦作市		
03-1210	任文柱	男	汉	河北省廊坊市	八卦掌	Ⅵ-25
03-1211	陈正耀	男	汉	河北省雄县	鹰爪翻子拳	Ⅵ-27
03-1212	马德行	男	汉	河南省博爱县	八极拳（月山八极拳）	Ⅵ-28
03-1213	梁晓峰	男	汉	山西省晋中市	心意拳	Ⅵ-29
03-1214	买西山	男	回	河南省周口市	心意六合拳	Ⅵ-30
03-1215	吕延芝	女	回	河南省周口市		
03-1216	苌红军	男	汉	河南省荥阳市	苌家拳	Ⅵ-34
03-1217	热合曼库力·尕夏	男	塔吉克	新疆维吾尔自治区塔什库尔干塔吉克自治县	马球（塔吉克族马球）	Ⅵ-37
03-1218	哈森其其格	女	鄂温克	内蒙古自治区鄂温克族自治旗	鄂温克抢枢	Ⅵ-40
03-1219	崔富海	男	汉	山西省忻州市	挠羊赛	Ⅵ-41
03-1220	金寿昌	男	汉	浙江省绍兴市	调吊	Ⅵ-54

三、第四批国家级体育非遗传承人名单

2012年,文化部公布了第四批国家级非物质文化遗产项目代表性传承人名单(文非遗发〔2012〕51号),共498人,其中"传统体育、游艺与杂技"项目代表性传承人共13人(见表4-4)。

表4-4 "传统体育、游艺与杂技"项目代表性传承人名单

序号	姓名	性别	民族	项目名称	地区
04-1734	那巴特尔	男	蒙古族	沙力博尔式摔跤	内蒙古自治区阿拉善左旗
04-1735	孙志均	男	汉族	八卦掌	北京市西城区
04-1736	张玉林	男	汉族	形意拳	河北省深州市
04-1737	陈桂学	男	汉族	鹰爪翻子拳	河北省雄县
04-1738	李洳波	男	汉族	心意六合拳	河南省漯河市
04-1739	周焜民	男	汉族	五祖拳	福建省泉州市
04-1740	肖桂森	男	汉族	戏法	天津市和平区
04-1741	卜树权	男	汉族	建湖杂技	江苏省建湖县
04-1742	李正丙	男	汉族	马戏(埇桥马戏)	安徽省宿州市埇桥区
04-1743	李义军	男	汉族	佛汉拳	山东省东明县
04-1744	董文焕	男	汉族	华佗五禽戏	安徽省亳州市
04-1745	沈少三	男	回族	摞石锁	河南省开封市
04-1746	牛玉亮	男	汉族	口技	北京市西城区

四、第五批国家级传统体育非遗传承人名单

2018年,文化和旅游部公布了第五批国家级非物质文化遗产代表性项目代表性传承人名单(文旅非遗发〔2018〕8号),共1082人,其中"传统体育、游艺与杂技"项目代表性传承人有41人(见表4-5)。

表 4-5 "传统体育、游艺与杂技"项目代表性传承人名单

序号	姓名	性别	民族	项目编号	项目名称	申报地区或单位
05-2532	于金生	男	汉族	Ⅵ-1	吴桥杂技	河北省吴桥县
05-2533	郭建兵	男	汉族	Ⅵ-3	中幡（正定高照）	河北省正定县
05-2534	祝石梁	男	汉族	Ⅵ-3	中幡（建瓯挑幡）	福建省建瓯市
05-2535	赵伯林	男	汉族	Ⅵ-6	线狮（草塔抖狮子）	浙江省诸暨市
05-2536	郭贵增	男	汉族	Ⅵ-10	沧州武术（劈挂拳）	河北省沧州市
05-2537	翟维传	男	汉族	Ⅵ-11	太极拳（武氏太极拳）	河北省永年县
05-2538	和有禄	男	汉族	Ⅵ-11	太极拳（和氏太极拳）	河南省温县
05-2539	哈森	女	达斡尔族	Ⅵ-15	达斡尔族传统曲棍球竞技	内蒙古自治区莫力达瓦达斡尔族自治旗
05-2540	哈达	男	蒙古族	Ⅵ-16	蒙古族搏克	内蒙古自治区东乌珠穆沁旗
05-2541	孟克那生	男	蒙古族	Ⅵ-16	蒙古族搏克	新疆维吾尔自治区乌苏市
05-2542	那日来	男	蒙古族	Ⅵ-20	蒙古族象棋	内蒙古自治区阿拉善盟
05-2543	李勇	男	朝鲜族	Ⅵ-21	摔跤（朝鲜族摔跤）	吉林省延吉市
05-2544	李有贵	男	彝族	Ⅵ-21	摔跤（彝族摔跤）	云南省石林彝族自治县
05-2545	米曼·艾米拉	男	维吾尔族	Ⅵ-21	摔跤（维吾尔族且力西）	新疆维吾尔自治区岳普湖县
05-2546	王超	男	汉族	Ⅵ-23	峨眉武术	四川省峨眉山市
05-2547	刘敬儒	男	汉族	Ⅵ-25	八卦掌	北京市西城区
05-2548	宋光华	男	汉族	Ⅵ-26	形意拳	山西省太谷县
05-2549	穆金桥	男	汉族	Ⅵ-29	心意拳	山西省祁县

续表

序号	姓名	性别	民族	项目编号	项目名称	申报地区或单位
05-2550	孙日成	男	汉族	Ⅵ-33	螳螂拳	山东省青岛市市南区
05-2551	张业金	男	汉族	Ⅵ-35	岳家拳	湖北省武穴市
05-2552	包仁欠本	男	藏族	Ⅵ-42	传统箭术（南山射箭）	青海省乐都县
05-2553	巴界·阿布力马金	男	哈萨克族	Ⅵ-43	赛马会（哈萨克族赛马）	新疆维吾尔自治区富蕴县
05-2554	胡宗显	男	土族	Ⅵ-45	土族轮子秋	青海省互助土族自治县
05-2555	张家棣	男	汉族	Ⅵ-46	左各庄杆会	河北省文安县
05-2556	乔天福	男	汉族	Ⅵ-49	东北庄杂技	河南省濮阳市
05-2557	刘俊昌	男	汉族	Ⅵ-50	宁津杂技	山东省宁津县
05-2558	贾天仓	男	汉族	Ⅵ-52	风火流星	山西省太原市
05-2559	钱小占	男	汉族	Ⅵ-53	翻九楼	浙江省杭州市
05-2560	楼玉龙	男	汉族	Ⅵ-53	翻九楼	浙江省东阳市
05-2561	张文仲	男	汉族	Ⅵ-56	拦手门	天津市河东区
05-2562	陈洪元	男	汉族	Ⅵ-59	佛汉拳	山东省东明县
05-2563	刘海港	男	汉族	Ⅵ-60	孙膑拳	山东省安丘市
05-2564	申孝生	男	回族	Ⅵ-61	肘捶	山东省临清市
05-2565	韩海华	男	回族	Ⅵ-67	掼牛	浙江省嘉兴市南湖区
05-2566	屠荣祥	男	汉族	Ⅵ-68	高杆船技	浙江省桐乡市
05-2567	满都拉	男	蒙古族	Ⅵ-71	布鲁	内蒙古自治区库伦旗
05-2568	孙红喜	男	汉族	Ⅵ-76	绵拳	上海市杨浦区

续表

序号	姓名	性别	民族	项目编号	项目名称	申报地区或单位
05-2569	林文辉	男	汉族	Ⅵ-78	井冈山全堂狮灯	江西省井冈山市
05-2570	晏西征	男	汉族	Ⅵ-80	梅山武术	湖南省新化县
05-2571	夏菊花	女	汉族	Ⅵ-81	武汉杂技	湖北省武汉市
05-2572	傅腾龙	男	汉族	Ⅵ-82	幻术（傅氏幻术）	北京市朝阳区

第三节 国家级传统体育非遗项目代表性传承人统计分析

从已公布的国家级非物质文化遗产项目代表性传承人名单中，国家级传统体育非物质文化遗产项目代表性传承人共有88人。

一、国家级传统体育非遗代表性传承人的性别分析

从传承人的性别来看，男性传承人83人，女性传承人5人。性别差异的悬殊和中国传统文化有着密切的关系。在技艺传承上，有传内不传外、传长不传次、传嫡不传庶、传男不传女等规定，传承严格。见图4-1。

图4-1 国家级传统体育非遗项目代表性传承人性别比例

二、国家级传统体育非遗代表性传承人的民族分布分析

从传承人所属民族来看,汉族传承人最多,65 人;其次是回族传承人,8 人;蒙古族传承人,5 人;维吾尔族传承人,2 人;藏族、朝鲜族、哈萨克族、土族、塔吉克族、彝族、达斡尔族、鄂温克族传承人,各 1 人。见图 4-2。

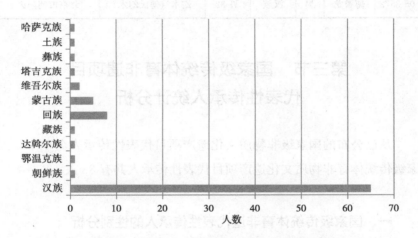

图 4-2 国家级传统体育非遗项目代表性传承人所属民族分布

三、国家级传统体育非遗代表性传承人的地区分布分析

从传承人所属地区来看,河北省最多,共 19 位传承人;其次是河南省,共 13 位传承人;浙江省、北京市各有 7 位传承人;内蒙古自治区、山东省各有 6 位传承人;山西省、新疆维吾尔自治区各有 5 位传承人;天津市、湖北省各有 3 位传承人;安徽省、青海省各有 2 位传承人;吉林省、江苏省、江西省、湖南省、四川省、云南省各有 1 位传承人。见图 4-3。

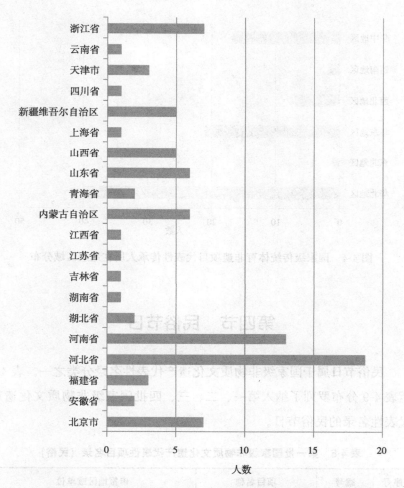

图 4-3 国家级传统体育非遗项目代表性传承人所属地区城市分布

按照中国地理区域划分,华北地区最多,共有 40 位传承人;其次是华东地区,有 21 位传承人;华中地区有 17 位传承人,西北地区有 7 位传承人,西南地区有 2 位传承人,东北地区有 1 位传承人,华南地区无传承人。见图 4-4。

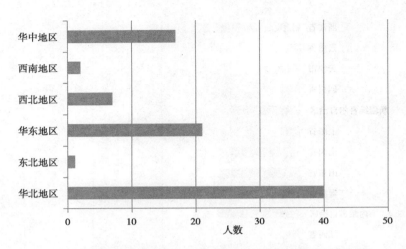

图 4-4 国家级传统体育非遗项目代表性传承人所在地理区域分布

第四节 民俗节日

民俗节日属于国家级非物质文化遗产代表性名录分类之一。表 4-6 至表 4-9 分布罗列了纳入第一、二、三、四批国家级非物质文化遗产代表性名录的民俗节日。

表 4-6 第一批国家级非物质文化遗产代表性项目名录（民俗）

序号	编号	项目名称	申报地区或单位
449	X—1	春节	文化部
450	X-2	清明节	文化部
451	X-3	端午节	文化部
452	X-4	七夕节	文化部
453	X-5	中秋节	文化部

续表

序号	编号	项目名称	申报地区或单位
454	X-6	重阳节	文化部
455	X-7	京族哈节	广西壮族自治区东兴市
456	X-8	傣族泼水节	云南省西双版纳傣族自治州
457	X-9	锡伯族西迁节	新疆维吾尔自治区察布查尔锡伯自治县
458	X-10	火把节（彝族火把节）	四川省凉山彝族自治州 云南省楚雄彝族自治州
459	X-11	景颇族目瑙纵歌	云南省陇川县
460	X-12	黎族三月三节	海南省五指山市
461	X-13	鄂伦春族古伦木沓节	黑龙江省
462	X-14	瑶族盘王节	广西壮族自治区贺州市 广东省韶关市
463	X-15	壮族蚂𧊅节	广西壮族自治区河池市
464	X-16	仫佬族依饭节	广西壮族自治区罗城仫佬族自治县
465	X-17	毛南族肥套	广西壮族自治区环江毛南族自治县
466	X-18	羌族瓦尔俄足节	四川省阿坝藏族羌族自治州
467	X-19	苗族鼓藏节	贵州省雷山县
468	X-20	水族端节	贵州省三都水族自治县
469	X-21	布依族查白歌节	贵州省
470	X-22	苗族姊妹节	贵州省台江县
471	X-23	独龙族卡雀哇节	云南省贡山独龙族怒族自治县
472	X-24	怒族仙女节	云南省贡山独龙族怒族自治县
473	X-25	侗族萨玛节	贵州省榕江县

续表

序号	编号	项目名称	申报地区或单位
474	X-26	仡佬毛龙节	贵州省石阡县
475	X-27	傈僳族刀杆节	云南省泸水县
476	X-28	塔吉克族引水节和播种节	新疆维吾尔自治区塔什库尔干塔吉克自治县
477	X-29	土族纳顿节	青海省民和回族土族自治县
478	X-30	都江堰放水节	四川省都江堰市
479	X-31	雪顿节	西藏自治区
480	X-32	黄帝陵祭典	陕西省黄陵县
481	X-33	炎帝陵祭典	湖南省炎陵县
482	X-34	成吉思汗祭典	内蒙古自治区鄂尔多斯市
483	X-35	祭孔大典	山东省曲阜市
484	X-36	妈祖祭典	福建省莆田市中华妈祖文化交流协会
485	X-37	太昊伏羲祭典	甘肃省天水市 河南省淮阳县
486	X-38	女娲祭典	河北省涉县
487	X-39	大禹祭典	浙江省绍兴市
488	X-40	祭敖包	内蒙古自治区锡林郭勒盟
489	X-41	白族绕三灵	云南省大理白族自治州
490	X-42	厂甸庙会	北京市宣武区
491	X-43	热贡六月会	青海省同仁县
492	X-44	小榄菊花会	广东省中山市
493	X-45	瑶族耍歌堂	广东省清远市
494	X-46	壮族歌圩	广西壮族自治区南宁市

续表

序号	编号	项目名称	申报地区或单位
495	X-47	苗族系列坡会群	广西壮族自治区融水苗族自治县
496	X-48	那达慕	内蒙古自治区锡林郭勒盟
497	X-49	维吾尔刀郎麦西热甫	新疆维吾尔自治区麦盖提县
498	X-50	秦淮灯会	江苏省南京市
499	X-51	秀山花灯	重庆市秀山土家族苗族自治县
500	X-52	全丰花灯	江西省修水县
501	X-53	泰山石敢当习俗	山东省泰安市
502	X-54	民间社火	陕西省宝鸡市 山西省潞城县
503	X-55	鄂尔多斯婚礼	内蒙古自治区鄂尔多斯市
504	X-56	土族婚礼	青海省互助土族自治县
505	X-57	撒拉族婚礼	青海省循化撒拉族自治县
506	X-58	马街书会	河南省宝丰县
507	X-59	胡集书会	山东省惠民县
508	X-60	安国药市	河北省安国市
509	X-61	壮族铜鼓习俗	广西壮族自治区河池市
510	X-62	楹联习俗	中国楹联学会
511	X-63	苏州甪直水乡妇女服饰	江苏省苏州市
512	X-64	惠安女服饰	福建省惠安县
513	X-65	苗族服饰	云南省保山市（昌宁苗族服饰）
514	X-66	回族服饰	宁夏回族自治区
515	X-67	瑶族服饰	广西壮族自治区南丹县、贺州市

续表

序号	编号	项目名称	申报地区或单位
516	X-68	农历二十四节气	中国农业博物馆
517	X-69	女书习俗	湖南省江永县
518	X-70	水书习俗	贵州省黔南苗族布依族自治州

表 4-7　第二批国家级非物质文化遗产代表性项目名单（民俗）

序号	编号	项目名称	申报地区或单位
450	X-2	清明节（溱潼会船）	江苏省姜堰市
451	X-3	端午节（罗店划龙船习俗、五常龙舟胜会、安海嗦啰嗹习俗）	上海市宝山区 浙江省杭州市余杭区 福建省晋江市
452	X-4	七夕节（乞巧节）	甘肃省西和县
453	X-5	中秋节（中秋博饼、佛山秋色）	福建省厦门市 广东省佛山市
456	X-8	傣族泼水节	云南省德宏傣族景颇族自治州
473	X-25	侗族萨玛节	贵州省黎平县
480	X-32	黄帝祭典（新郑黄帝拜祖祭典）	河南省新郑市
481	X-33	炎帝祭典	陕西省宝鸡市
484	X-36	妈祖祭典（天津皇会）	天津市民俗博物馆
496	X-48	那达慕	青海省海西蒙古族藏族自治州 新疆维吾尔自治区和静县
497	X-49	新疆维吾尔族麦西热甫（新疆维吾尔刀郎麦西热甫、维吾尔族却日库木麦西热甫、维吾尔族塔合麦西热甫、维吾尔族阔克麦西热甫）	新疆维吾尔自治区阿瓦提县、阿克苏市、木垒哈萨克自治县、哈密市

续表

序号	编号	项目名称	申报地区或单位
502	X-54	民间社火（桃林坪花脸社火、永年抬花桌、本溪社火、义县社火、朝阳社火、浚县民间社火、洋县悬台社火）	河北省井陉县、永年县 辽宁省本溪满族自治县、义县、朝阳县、河南省浚县、陕西省洋县
503	X-55	蒙古族婚礼（阿日奔苏木婚礼、乌珠穆沁婚礼、蒙古族婚俗）	内蒙古自治区阿鲁科尔沁旗、西乌珠穆沁旗、吉林省前郭尔罗斯蒙古族自治县
508	X-60	药市习俗（樟树药俗、百泉药会、禹州药会）	江西省樟树市 河南省辉县市、禹州市
513	X-65	苗族服饰	湖南省湘西土家族苗族自治州、贵州省桐梓县、安顺市西秀区、关岭布依族苗族自治县、纳雍县、剑河县、台江县、榕江县、六盘水市六枝特区、丹寨县

表 4-8 第三批国家级非物质文化遗产代表性项目名单（民俗）

序号	编号	项目名称	申报地区或单位
1197	X-122	中元节（潮人盂兰胜会）	香港特别行政区
1198	X-123	中和节（永济背冰、云丘山中和节）	山西省永济市、乡宁县
1199	X-124	俄罗斯族巴斯克节	内蒙古自治区额尔古纳市
1200	X-125	鄂温克族瑟宾节	黑龙江省讷河市
1201	X-126	诺茹孜节	新疆维吾尔自治区塔城地区
1202	X-127	布依族"三月三"	贵州省贞丰县、望谟县
1203	X-128	土家年	湖南省永顺县

续表

序号	编号	项目名称	申报地区或单位
1204	X-129	彝族年	四川省凉山彝族自治州
1205	X-130	侗年	贵州省榕江县
1206	X-131	藏历年	西藏自治区拉萨市
1207	X-132	舜帝祭典	湖南省宁远县
1208	X-133	祭寨神林	云南省元阳县
1209	X-134	歌会（瑞云四月八、四十八寨歌节）	福建省福鼎市，贵州省天柱县
1210	X-135	尉村跑鼓车	山西省襄汾县
1211	X-136	独辕四景车赛会	山西省平顺县
1212	X-137	网船会	浙江省嘉兴市秀洲区
1213	X-138	月也	贵州省黎平县
1214	X-139	婚俗（朝鲜族回婚礼、达斡尔族传统婚俗、彝族传统婚俗、裕固族传统婚俗、回族传统婚俗、哈萨克族传统婚俗、锡伯族传统婚俗）	吉林省延边朝鲜族自治州，黑龙江省齐齐哈尔市富拉尔基区，四川省美姑县，甘肃省张掖市，宁夏回族自治区，新疆维吾尔自治区伊犁哈萨克自治州，新疆嘎善文化传播中心
1215	X-140	径山茶宴	浙江省杭州市余杭区
1216	X-141	装泥鱼习俗	广东省珠海市斗门区
1217	X-142	苗族栽岩习俗	贵州省榕江县
1218	X-143	柯尔克孜族驯鹰习俗	新疆维吾尔自治区阿合奇县
1219	X-144	塔吉克族服饰	新疆维吾尔自治区塔什库尔干塔吉克自治县

表 4-9 第四批国家级非物质文化遗产代表性项目名单（民俗）

序号	编号	项目名称	申报地区或单位
1358	X-145	望果节	西藏自治区
1359	X-146	苗族花山节	云南省屏边苗族自治县
1360	X-147	察干苏力德祭	内蒙古自治区乌审旗
1361	X-148	博格达乌拉祭	内蒙古自治区扎赉特旗
1362	X-149	稻作习俗	江西省万年县
1363	X-150	仡佬族三幺台习俗	贵州省道真仡佬族苗族自治县
1364	X-151	匾额习俗（赣南客家匾额习俗）	江西省会昌县
1365	X-152	马仙信俗	福建省柘荣县
1366	X-153	寮步香市	广东省东莞市寮步镇
1367	X-154	达斡尔族服饰	内蒙古自治区呼伦贝尔市
1368	X-155	鄂温克族服饰	内蒙古自治区陈巴尔虎旗
1369	X-156	彝族服饰	四川省昭觉县、云南省楚雄彝族自治州
1370	X-157	布依族服饰	贵州省
1371	X-158	侗族服饰	贵州省黔东南苗族侗族自治州
1372	X-159	柯尔克孜族服饰	新疆维吾尔自治区乌恰县

第五章
区域性传统体育非物质文化遗产项目

第一节 西南地区传统体育非遗项目

一、地域性地理特点

西南地区地形复杂、气候多样。从地形上看，有高原、盆地、平原、丘陵、山地，高山与峡谷相间，山高、水急、谷深、景色壮丽是这里的地理奇观，拥有世界闻名的怒江大峡谷、金沙江大峡谷。在山间盆地、山麓附近有一种称之为"坝子"的平原，其地势呈波涛状起伏，其低洼处有湖泊，也有因泥沙淤积而形成的平原，根据其形态和成因，人们将坝子平原分为河谷平原、山麓平原、盆地坝。

从江海湖泊来看，主要以长江流域的河流为主，还有珠江、澜沧江、怒江、元江、伊洛瓦底江、红河等，这些江河纵横交错，除境内河流外，还有些河流为过境河流，流经缅甸、泰国、柬埔寨、越南等国家，最后分别注入孟加拉湾、南海、东海等。西南地区湖泊很多，有泸沽湖、洱海、滇池、星云湖等，点缀山间，如星罗棋布一般。

从气候来看，云贵高原以亚热带季风气候为主，青藏高原有高原气候和海洋气候，四川盆地以湿润北亚热带季风气候为主。以云南为例，全省就有六种气候类型，包括北温带高原西南季风气候、热带雨林气候、高原寒温性湿润气候、低纬度高原亚热带季风气候、亚热带山地季风气候、低纬暖温带高原山地季风气候，这种垂直气候的特点，使得云南省全年四季如春，年温差小，全年无霜期长。

二、多民族聚居区

西南地区分布着苗族、彝族、布依族、水族、仫佬族、土家族、侗族、瑶族等30多个少数民族，可以说这里是少数民族聚居区之一。少数民族的分布区域有着明显的地域性特征，其生产生活方式与地理环境有着密切相关性，坝区因其土壤肥沃、地势平坦等得天独厚的优势很适合农作物种植，分布在坝区的少数民族有傣族、壮族、阿昌族、布依族、满族、白族、纳西族、回族、水族等。这些少数民族的分布又各有特点，因所处地理位置，其生产方式也不同，如苗族喜欢居住在山腰处，以打猎为生；彝族、布依族、水族喜欢居住在山下低洼处，以渔猎为生；白族、瑶族喜欢居住在土地贫瘠但竹木茂盛的石山区，以游耕、狩猎为生。

这种明显的地域特征和不同的生活方式，使得其传统体育项目也各有区别，苗族的斗脚舞、射弩、苗拳、格凸攀崖等，布依族的铁链械、抵杠、棍术等，土家族的金钱棍，仫佬族的舞狮、月牙铛，侗族的舞狮、摔跤，瑶族的陀螺竞技，仡佬族的打篾鸡蛋等。以上项目均被列入贵州省级非物质文化遗产代表作名录。

少数民族的传统节日丰富多彩，类型多样。祭祀类型的节日有苗族的鼓藏节，鼓被认为是苗族祖先神灵的象征，祭鼓是为祭祀本支族祖先神灵的大典。纪念类型的节日有布依族的查白歌节，纪念的是为民除害、为爱献身的查郎和白妹二人，节日定于农历六月二十一日，节日期间会举行布依戏、狮子舞、花包舞等娱乐活动。农事类型的节日有水族的端节，用以庆祝五谷丰熟，也是辞旧迎新、祭拜祖先的节日，端节日期是根据水族典籍推算而出，共49天，节日期间会举行赛马、斗牛舞、芦笙舞等娱乐活动。社交类型的节日有苗族姊妹节，是由苗族妇女举行的节日，节日期间苗族人吃姊妹饭、求婚择偶、舞龙斗牛、走亲访友。

三、传统体育特征

1. 巴蜀地区

巴蜀地区的范围大概在四川盆地周围，包括了四川、重庆、陕西南部的部分地区。这里有山、有水、有瀑布、有峡谷，自然风光秀美，为巴蜀文化创造了得天独厚的地理条件；该地区少数民族众多，民俗风情万千，生活方式各不相同，为传统体育项目的创造提供了基础条件；丰富多样的少数民族传统节日更是为传统体育项目的发展锦上添花。

巴蜀地区的民俗节日纳入《国家非物质文化遗产代表性项目名录》中的有羌族瓦尔俄足节，彝族的火把节、彝族年。

巴蜀人民崇尚武术，这与该地区外来人口不断迁入等社会因素有着极大的关系。其中，四川省峨眉山市峨眉武术被纳入第二批《国家非物质文化遗产代表性项目名录》，具有刚柔相济、快慢相兼、动静结合、虚虚实实、高低起伏、轻重缓急的特点。

2. 滇黔地区

滇是云南省的简称，黔是贵州省的简称。贵州为云贵高原，少数民族众多，主要有独龙族、苗族、怒族、侗族、壮族、蒙古族、羌族、布依族、彝族、瑶族、毛南族、满族、畲族、水族、回族、白族等。根据 2010 年第六次人口普查统计，云南省少数民族人口占全省总人口数量的 33.37%，是仅次于广西的第二大少数民族人口聚居地，其中，世居民族有 15 个，分别是白族、哈尼族、傣族、傈僳族、独龙族、阿昌族、怒族、基诺族、布朗族、普米族、纳西族、佤族、拉祜族、景颇族、德昂族。按照少数民族人口数量统计，彝族人口数量最多，其次是哈尼族、白族、傣族、壮族、苗族。

从文物古迹和文献记载中看出，滇黔地区的体育历史悠久，最早记录该地区传统体育活动特色的是岩石壁上的岩画，岩画的内容为马术、赛马等，涉及体育的出土文物有西晋的独木舟、东汉杂耍跪人铜灯等。

滇黔地区少数民族众多，民俗传统节日很多，列入《国家非物质文化遗产代表性项目名录》的节日有苗族鼓藏节，水族端节，布依族查白歌节，苗族姊妹节，独龙族卡雀哇节，怒族仙女节，侗族萨玛节、侗年，仡佬族毛龙节，傈僳族刀杆节，白族绕三灵，傣族泼水节，布依族"三月三"、祭寨神林。

每逢节日之际，各族人民盛装出席，举行传统体育娱乐活动。贵州黄平县岩鹰地区的踩高跷活动源于祭祀活动，纪念神鹰保护族人不受毒蛇猛兽侵袭，每逢农历九月二十四日举行祭跷活动，祭跷顺利就会举行踩跷活动。苗族的格凸攀崖技艺起源于格凸地区苗族的丧葬习俗，为典型的家族传承技艺，格凸村地势陡峭、悬崖绝壁，苗族人凿洞为居，独特的地理特征和居住环境使得这里的苗族人练就了在绝壁上攀爬的本领；逝去的人的棺木会被放入悬崖绝壁的山洞里。赤水独竹漂源于秦汉时期，最初是用木头绑成排运送建筑用材楠木，后经改造，竹代替木头制成独竹漂，成为赤水河流域附近百姓出行的交通工具，后经发展演变为一种水上娱乐竞技运动。瑶族陀螺竞技起源于荔波县瑶山地区的白裤瑶，该地区土地贫瘠、竹木茂盛，当地人喜欢的游戏是打石头，之后用削尖的木头代替石头，演变为打陀螺游戏，成为白裤瑶的娱乐活动之一，每逢春节便会举行陀螺节活动。以上活动均被列入《贵州省级非物质文化遗产代表作名录》。

滇黔人民习武强身，贵州赤水市的游氏武术由游树廷先生创立，汇集众多门派拳术之精华并加以改进，拳术套路达62种，拳种有达摩劲功、十八投唐棍，所用器械有枪、棍、刀、剑、铜、鞭、锤等，其拳技被著名武术大师李子鸣称之为国家的武术宝库。布依族棍术创立于清朝嘉庆时期，其高桩棍术以攻击为主，低桩棍术以防守为主，棍术招式各有不同，棍术传承以德为先，习武健身、保村护寨为其宗旨，迄今已有200余年的历史。苗族武术是一个统称，根据所用器械不同，可以分为苗族刀术（苗族单刀、苗族环钩刀等），苗族棍术（牛尾棍、桥棍等），苗族拳术（张家拳、杨家拳、苗族拳、芦笙拳等），苗族镋钯，苗族鞭等。温水小手拳的创始人王照清，师承峨眉，距今已有400余年历史，其流派分支主要有传统小手拳、张氏小手拳、温水小手拳新架，武术风格灵巧多变、套路动作朴实简洁，涌现出了金炎权、王树荣、张金才、丁华文、丁刚等一批优秀的武术名家，使得该拳术在西南地区的影响颇大。游氏武术、布依族棍术、苗族武术、温水小手拳均被列入《贵州省级非物质文化遗产代表作名录》。

3. 雪域高原区

主要指的是西藏地区，藏族人民的衣食住行与其宗教信仰密切相关，传统体育活动项目以祭祀类型为多，如珞巴族的刀舞，藏族的羌姆舞、骷髅舞等。

传统节日有赛马节、林卡节、射箭节、雪顿节、望果节等，节日期间会举行赛马、赛牦牛、射箭、骑马打靶、甩石头等体育活动，体现了该地区的民俗特色。

第二节 西北地区传统体育非遗项目

一、地理特点及民族分布

西北地区从地形上看，以高原、沙漠、山地和盆地为主，以干旱半干旱气候为主要气候，该地区全年降水量少，夏季高温少雨、冬季寒冷干燥，囊括了温带季风气候、温带大陆性气候和高寒气候。这里矿产资源丰富，煤、石油、天然气等不可再生资源丰富。

西北地区分布着东乡族、回族、土族、维吾尔族、裕固族、哈萨克族、藏族、撒拉族、蒙古族、俄罗斯族等少数民族。受地形、气候的影响，这里的生产活动以第一产业为主。

新疆地区流行刀郎舞、叼羊、马上角力、马球、套马等；宁夏地区流行木球、踏脚、爬木城、跳鳖、木球等；青海地区流行娘娘轿、腰带拔河、拉"八牛"等；甘肃地区流行三连石击目标、万人拔河、骑木划水、夺腰刀等。

二、传统体育特征

1. 崇尚强悍骁勇

古代社会，西北地区的人民主要以狩猎、游牧、畜牧业为生，善骑马射猎，马匹是重要的交通工具和生产生活工具，因此马上运动成为西北地区的重要传统体育运动，如马术、马上角力、跑马射箭、马上击棍、骑马点火枪、叼羊、姑娘追等。马背上的运动展示了参与者高超的骑技,是一种力量的较量,体现了西北人的勇猛果敢、聪明机敏。

摔跤是西北地区人民非常喜爱的运动,是一种力量的较量,展现了西北人体魄强健、勇猛无畏的特点。不同的民族,摔跤的规则也是不同的,以胜负规定为例,藏族的摔跤采取的是三局两胜制,蒙古族的摔跤则是一"拌"定胜负。

2. 烘托节日气氛

西北沙漠地区,骆驼是人们的主要交通工具和载货工具,由此产生了赛骆驼的体育运动项目,男女老少皆可参加。每逢节日庆典,蒙古族人载歌载舞,赛手们盛装出行,比赛号令起,赛手们骑骆驼赛跑,以先到终点者为胜。

民族传统体育活动是传统节日活动中必不可缺的内容。诺劳孜节是柯尔克孜族的新年,新年伊始,人们会举行马上角力、摔跤、赛马、打靶、叼羊、拔河等活动,表达节日的喜悦之情和对未来幸福生活的憧憬。皮里克节是塔吉克族的宗教节日,人们会自制油烛,用以祭奠亡灵、辟邪祈福,在这两天,人们会跳起鹰舞、马舞等极具特色的活动。

3. 欢乐共享

传统体育项目是人人都可以参与的集体活动项目。纳顿节是土族人民庆祝丰收的节日,节日从农历七月十二日一直持续到农历九月十五日,被称为"世界上最长的狂欢节"。整个节日期间举行的传统活动有舞蹈、武术、傩戏表演、跳会手等,活动参与者以村社为主体,可以是一村,也可以是两村联合。

万人拔河赛是甘肃临潭的一项集体活动,每逢元宵佳节,不分年龄、性别、民族,人人都可以参与这项扯绳比赛,最多达万人。这项活动距今已有百年历史,《洮州厅志》记载"以大麻绳挽作二股,长数十丈,另将小绳连挂于大绳之中,分上下两股,两钩齐挽。少壮咸牵绳首,极为扯之,老弱旁观,鼓噪声可撼岳,为上古牵钩之遗俗"。

第三节 东北地区传统体育非遗项目

一、地域特点及民族分布

东北地区地质构造复杂多样、土地肥沃,以黑土为主。东北地区纵跨南北,气候覆盖了暖温带、中温带、寒温带,属于温带季风气候。矿产丰富,拥有丰富的石油和煤炭等不可再生资源。东北地区地域广袤、地势平坦,四季分明,这里的人民以农牧业为生。

东北地区的少数民族有朝鲜族、满族、柯尔克孜族、鄂温克族、达斡尔族、蒙古族、回族、鄂伦春族、赫哲族、锡伯族等,此外,地理位置近邻朝鲜、俄罗斯、日本,该地区还汇聚了来自异国民族的风俗。不同的民族文化之间不断地发生摩擦碰撞,形成了开放与兼容共存的特点。

二、传统体育特征

东北地区是一个多民族交汇融合的地区,独特的自然地理环境、生态人文环境,使得这里的民族传统体育项目表现丰富多彩、形式多样、风格迥异,其特点是以个人项目为主,注重个人力量的角逐和技巧的较量。东北地区的自然地理环境、生活习惯,影响了这个地区的传统文化。

1. 彰显彪悍勇猛

东北地区的自然气候条件较为恶劣,远不如中原地区。正是这样的自然条件，使得这里的人们不得不依靠游牧、渔猎为生。频发的自然灾害给他们的生产生活带来了严重的打击，为了在这片土地上生存下来，获得更多的物质生活资料，他们不断地与自然环境作斗争，这也塑造了东北地区人民的坚强意志、剽悍勇猛的民族性格特点。

他们喜欢骑射，这是在长期狩猎过程中习得的，培养了他们精骑射、善驰逐的技术本领，箭法、骑术高超，成为东北地区人们的一种特别技能。文献中对契丹人骑射的描述，如"儿童能走马，妇女亦腰弓"。

2. 传统活动项目的演变发展

东北地区地域广袤、山峦起伏，且气候寒冷，这里的人民生产生活的方式主要是以狩猎、采集、捕鱼、采珍珠等为主。一些传统体育项目正是在这种情况下产生，并随着历史文化的变迁而不断演变。

采珍珠是满族人民的劳动之一，每年农历四月至八月，他们乘舟前往河汊幽谷之处，寻找河蚌，撬蚌采珠。珍珠被当时统治者视为珍宝，并将其列入贡品的行列。为了采得晶莹透彻、圆润巨大的珍珠，越来越多的人加入采珠的队伍中，也逐渐成为一种地方习俗，人们每次采珍珠之前，都会举行击鼓鸣锣、摆香放炮、焚香叩头、拜祭河神等仪式。

为了增加劳动乐趣，采珍珠的人们开始在劳动过程中增加比赛活动，抛蛤蚌的游戏活动便由此产生了。采珠人在河中寻得蛤蚌，然后抛给船上的人，这个过程中还有船前来抢蛤蚌，这就要求抛珠人和接珠人配合默契，才能取得比赛胜利。

之后，抛蛤蚌的游戏活动进一步演变，活动地点从河中转向了陆地，活动方式是模拟采珍珠的劳作过程。人们将皮球缝制成珍珠的样式，由一人扮演蛤蚌精，主要是阻挡投掷者将皮球成功投入鱼篓中。

抛蛤蚌的游戏活动逐渐演变为一种比赛活动，活动场地分为两个采珠区和一个中间区，中间区称之为"河"，采珠区的运动员被称之为"采珠人"。此外，还有船区和蛤蚌区，蛤蚌区是在河区和船区之间，采珠区的运动员在中间区抢夺珍珠状的皮球，并将它投给在船区的队友，船区的队友要用网兜接住皮球，才能得1分。蛤蚌区的队员主要是起阻挡作用，阻挡"船"区的队员接住皮球。

3. 民族体育的融合发展

东北地区是民族文化的聚集区，其生活方式是大杂居、小聚居的特点，这种多民族聚居的特点使得各民族之间的交流更加多元化，该地区传统体育得到进一步的发展，开阔了当地人们的文化视野。1920年之后，很多汉族人涌入东北地区，带去了汉族的传统体育项目，使得该地区民族体育融合更加明显。

随着社会经济的不断发展，人口城镇化、交通现代化，使得人口的流动规模越来越大，带动了东北地区的民族传统体育项目向着更大的范围传播。比如，蒙古族的摔跤、朝鲜族的秋千、满族的采珍珠等民族传统体育项目已经成为全国少数民族体育运动会的比赛项目；锡伯族的打瓦、朝鲜族的跳板、赫哲族的叉草球等项目走进了学校体育课堂。

第四节　华北地区传统体育非遗项目

一、地域特点

华北地区指的是北京、天津、河北、山西和内蒙古中部。从地形上看，东部为低山丘陵，中部为平原，西部为黄土高原，北部则是山地。该地区四季分明，夏季高温多雨，冬季寒冷干燥，属于温带季风气候。受地形、气候的影响，这里的人们以农业、游牧业为生。

二、地方传统体育项目

1. 河北地区

河北位于黄河以北，地处华北平原。河北武术门派众多，在长期的历史传承过程中，各地区的武术融合形成了自己的特色。保定武术是"南拳北腿"中"北腿"的代表，八卦拳、形意拳、短拳、高阳绵掌、吴式太极拳、鹰爪翻子拳等均产生于此；沧州是中国武术的发源地之一，特色拳种有八盘掌、戳脚、花拳、劈挂拳、太极拳等，特色拳械有苗刀、阴阳枪、昆吾剑、青萍剑等；邯郸永年县是杨式太极拳、武式太极拳的发源地；邢台南宫市于 1992 年被命名为全国武术之乡，民间传统武术有精忠拳、八卦掌、梅花、洪拳等。此外，沧州吴桥县杂技远近闻名，被周恩来总理誉为"杂技之乡"；石家庄市正定县的常山战鼓表演于 2008 年 6 月入选《国家级非物质文化遗产名录》。

2. 山西地区

山西地处黄土高原，历史上山西战事频繁，当地居民学习武术以防身，涌现出了一批杰出的将才，如汉代霍去病、蜀汉关云长、唐朝尉迟恭、宋朝杨家将等。中国四大拳术都与山西有关联，根据《少林拳术秘诀》记载，山西太原人白玉峰是金末元初时期的武术家，以五形拳和少林拳为基础，创编了少林十三抓；山西永济人姬际可是明朝时期的武术家，创编了心意六合拳，之后发展为形意拳；山西太谷人王宗岳是明朝时期的内家拳名家，精通拳法、剑法、枪法，所著《太极拳论》被后世奉为太极拳的经典理论。此外，还有霍州一带的通背拳、晋中一带的鞭杆等。根据《山西武术拳械录》记载，山西有传统武术拳种达42种。除了武术外，山西还有赶猪、赛牛、舞狮、抽陀螺等丰富多彩的民间娱乐活动。

三、传统体育特征

1. 儒道并存

儒家思想、道家思想是中国传统文化的主流思想，在中国传统文化发展中一直处于重要地位。华北地区人们的生活方式、思维模式、价值理念等长期受着儒家、道家思想的影响，传统体育运动项目太极拳正是受这种思想的影响创编而成，其理念为：太极共生、生命整体、圆道运动。《周易·系辞》中解释"太极"为"是故易有太极，是生两仪，两仪生四象，四象生八卦"。道家思想追求身心合一、形神合一、天人合一。

练习太极拳，讲究以静制动、以气运身、以柔克刚。经常练习太极拳，身心健康能得到和谐发展。太极拳的创始人是河北杨露禅，所创太极拳被称为杨氏太极拳，新中国成立之后，为了普及太极拳，创编了适合大众锻炼的二十四式太极拳、三十六式太极拳等。

2. 武术博采众长

华北地区武术流派、拳种分类繁多，各门派之间彼此交流、学习，促进了中华武术的发展，武术功法也带动了传统体育项目的发展。射箭、举重、拳搏、格斗、散打、摔跤等既是武术功法，也是各民族的传统体育项目。常山战鼓有"武术战鼓"之称，表演动作包含了大量的武术动作，表演者通过敲击战鼓、迎着鼓点节奏表演舞蹈动作，以鼓舞人心、激人奋进。

3. 不断地创新发展

传统体育项目来源于人们的日常生产生活，后经时代的发展、民族的变迁，有些已经失传，而有些在传承过程中不断发展创新，世世代代延续下去。杨氏太极拳创建的最初目的是为了强健身体、保卫家园，后经各地武术流派的沿袭发展，形成了吴式太极拳、孙式太极拳等不同派别。

随着社会政治、经济的稳定发展，人民生活水平的提高，研习太极拳的目的已转变为修身养性、增强体质，成为大众的一项休闲体育项目。其他项目如脚斗士最初来源于河北地区的一个民间游戏——蚩尤戏，是一种赤手搏斗、角力竞技的游戏，是以单脚支撑、单膝攻击对方的运动方式，因此又有了"斗拐""斗鸡"等称谓，现今已经成为一项大众运动、竞技运动项目，为国内外人士所喜爱。

第五节　华东地区传统体育非遗项目

一、地域特点及民族分布

华东地区位于中国的东部，从地形上看，有山地、丘陵、洼地、平原、湖沼、盆地等地貌，这里的气候主要是亚热带季风气候和温带季风气候，降水丰富，矿产种类繁多，有国家级、省级重点保护的动植物资源。

华东地区汉族人居多，少数民族多为散居，其中畲族是该地区人口最多的少数民族，有景宁畲族自治县。这里是文人墨客的诞生地，方言众多，地方文化众多，有苏南文化、宁绍文化、吴文化、越文化、上海文化。

二、地方传统体育项目

不同地区的传统体育项目特色与当地的传统文化息息相关。

以齐鲁地区为例。齐鲁地区最早指的是春秋战国时期齐国和鲁国的地域，现今指的是山东地区。不同地域具有各自特色的区域文化，齐国地处沿海，以东夷文化思想为主，崇尚功利、革新；鲁国以儒家思想为主，崇尚传统、伦理。百家争鸣时代之后，两国文化一跃发展成为中国传统文化的主流文化，影响着整个中华文明的发展，也孕育、发展了丰富多彩的齐鲁传统体育文化。受齐鲁文化思想的影响，传统体育项目可以分为以下三类：

1. 武术类

春秋战国时期，战事频繁，各国操练士兵，武术风气盛行，武术拳种众多。众多武术拳种中，列入我国非物质文化遗产项目名录的武术拳种70多种。

列入《国家级非物质文化遗产项目名录》的传统武术项目有：青岛市的鸳鸯螳螂拳、烟台的七星螳螂拳、聊城的冠县查拳和临清肘捶、菏泽的佛汉拳、泰安的徐家拳、潍坊的孙膑拳。

列入山东省级传统体育非物质文化遗产项目名录的有：青岛市的傅氏古短拳、三铺龙拳、崂山道教武术、鸳鸯内家功，烟台的吴氏太极拳、戚家拳、小架螳螂拳，威海的尹派宫式八卦拳、牛郎棍，聊城的临清潭腿，滨州的燕青拳，菏泽的二郎拳、水浒拳、八卦拳、阴阳拳，济宁的梅花拳、文圣拳、中华子午门，临沂的黑虎查拳，济南的形意拳、太平拳、武当太乙门，淄博的通背拳、洪派太极拳，潍坊的地龙经拳、地功拳，等。

列入山东省各市级传统体育非物质文化遗产项目名录的有：潍坊的九五拳、赛鹤拳、太乙拳、武手拳等。

2. 民俗类

列入《国家级非物质文化遗产项目名录》的传统体育项目有潍坊的青州花毽和淄博的蹴鞠等；列入山东省级传统体育非物质文化遗产项目名录的有潍坊的五棍棋，日照的高兴现狮、转秋千会，济宁的梅花桩舞狮子，等；列入山东省各市级传统体育非物质文化遗产项目名录的有济南的摔跤，济宁的独杆子桥，郓城县的宋江阵，威海的高村"串黄河"，等。

第六节　华南地区传统体育非遗项目

一、地域及民族分布特点

华南地区，从地形上来看，以山地、丘陵为主。这里属于热带季风气候、亚热带季风气候，高温多雨，四季常青，植被生长繁茂。

华南地区汉族人居多，少数民族众多，有壮族、仫佬族、傣族、瑶族、黎族、畲族、布依族、毛南族、侗族、京族、水族等。岭南文化是最具特色的地域文化，受外来文化的影响，其特点是开放与兼容并存，促进了中国经济文化的发展。

二、传统体育特征

1. 包容并蓄

南拳是华南地区武术拳术的总称，是中国七大拳系之一。南拳汲取了南少林拳的特色，结合了华南地区不同门派拳种的优势，根据华南地区的自然人文等实际情况加以完善，最终形成了具有地方特色的拳种。流传最盛的当属广东洪家拳、刘家拳、蔡家拳、李家拳和莫家拳，被誉为岭南五大传统南拳流派。

华南地区的传统体育项目除了本国之外，还有来自其他国家的传统体育项目，比如日本的柔道、韩国的跆拳道、泰国的泰拳、印度的瑜伽等。华南地区也会向海外积极推广本土的传统体育项目，龙舟竞渡已经成为一项国际性比赛，每年都会定期举行赛龙舟锦标赛。广东的洪家拳、咏春拳等也在国外得到了广泛的传播。

2. 务实实用

华南地区地处沿海，历史上为了反抗外族入侵，这里的民众进行了长期的抗倭战争，这培养了他们吃苦耐劳、坚忍不拔的精神。华南地区也是最先接触西方新思想、新观念的地方，在中西方文化不断冲撞、融合的基础上，这里的人们最先开放思想，追求实用主义，保持求真务实的态度。南拳拳术体现了务实实用的特征，手法多样、劲力饱满、套路精悍、攻击勇猛，以刚为主，攻击力强。

3. 少数民族特色明显

华南地区的少数民族较多，每个少数民族的传统体育项目丰富多彩，很多项目深受国内外大众的喜爱。其中，竹竿舞是京族、黎族、瑶族、壮族、佤族、苗族、畲族都有的一个传统体育活动，各民族间经过不断的学习交流，呈现出了各具特色的竹竿舞，竹竿舞也被外国友人誉为"世界罕见的健美操"。

第七节　华中地区传统体育非遗项目

一、地域特点

华中地区位于中国中部、黄河中下游和长江中游地区，包括河南、湖北、湖南三省。地形以岗地、平原、丘陵、盆地、山地为主，为温带季风气候和亚热带季风气候。

河南省位于黄河中下游地区，主要地形有平原、盆地、丘陵，其中，中部地区多山地，东部地区多丘陵，西部和北部多平原，属于温带季风气候—亚热带季风气候。河南省是中华民族与华夏文明的主要发源地，诞生了许多历史名人，因此有"天下名人，中州过半"之说。

湖北省位于长江中游地区，洞庭湖以北。地形多样，有山间盆地、丘陵、岗地、平原等。湖北省西部、北部、东部三面环山，中南部地势平坦。湖北省的气候除外高山地区，大部分为亚热带季风性湿润气候。

湖南省位于长江中游地区，绝大部分在洞庭湖以南，故此得名。地形多样，有高山、峡谷、山间盆地、河流、原始森林、小块冲积平地等。湖南省的气候属于大陆亚热带季风湿润气候，特点是光、热、水资源丰富；气候的垂直变化明显，尤其是山区。

二、传统体育项目

1. 河南省传统体育项目

河南省世居少数民族有回族、蒙古族、满族等。河南地处黄河中下游地区，该地区是兵家必争之地，战争频繁，以武术为主的传统体育文化较为突出，代表性武术运动有陈式太极拳、少林武术，其次是天地五五功、形意拳、伏羲八卦拳、汝州燕子拳等；民俗节庆活动类项目有砸沙包、抽陀螺、踩高跷、舞狮等；技艺文体类项目多辅助器械（刀、枪、剑、鞭等），有濮阳杂技、豫西社火、盘鼓等。

2. 湖北省传统体育项目

湖北省世居少数民族以土家族为主，其次是苗族、侗族、满族、白族、蒙古族等。长阳土家族自治县是湖北省有名的歌舞之乡，而长阳巴山舞最具代表性，它是在古老的民间歌舞基础上整理发展起来的。在第十一届少数民族传统体育运动会上，湖北省参赛的民族传统体育项目有高脚竞速、蹴球、民族式摔跤、毽球、陀螺、押加、里补谷达、绳韵、竹马球、山鼓咚咚、闪溜嘎儿、土家撒叶儿嗬、土家巴地梭、土家吉么列等。

3. 湖南省传统体育项目

湖南省世居的少数民族约10个，包括土家族、苗族、侗族、瑶族、白族、回族、壮族、蒙古族、满族和维吾尔族。各个民族的传统体育项目有舞蹈、传统习俗、健身娱乐、武术和游戏等几大类。"摔跤""抵杠""射弩"等竞争对抗类项目被列入健身娱乐类项目中，说明此类活动虽然是以对抗比赛为主，但是活动本身不是为了追求比赛胜负，而是为了达到心情愉悦、身体健康的目的。

第六章
中华民族传统体育项目

第一节 与龙狮相关的传统体育项目

一、与龙相关的传统体育项目

自古以来，龙是中华民族的瑞兽，代表的是权力、威严、显贵，已经成为中华民族传统文化的象征。龙，代表着民族尊严，激励中华儿女自强不息，维护民族尊严，带有极强的民族凝聚力，能增进民族认同感，促进中华民族振兴、国家团结统一。每逢过节，各地均会举行赛龙舟、舞龙等活动。

1. 龙舟

关于龙舟，最早记载于《穆天子传》；关于赛龙舟活动，有详细记录的文献达数百条；关于举行赛龙舟活动的城市，主要分布在我国的南方水乡地区。据史料记载，湖南沅陵是我国传统龙舟之乡。

关于赛龙舟的说法不一。一种说法是人们为了纪念楚国三闾大夫屈原，定于农历五月初五端午节赛龙舟，隋朝杜公瞻为南北朝梁宗懔所撰的《荆楚岁时记》作注时说明，"按五月五日竞渡，俗为屈原投汨罗日，伤其死，故命舟楫以拯之"。另一种说法是源于神话传说，《台江县文史资料辑》中记载了苗族独木龙舟节的来源。还有说法是纪念本民族的英雄，如白族赛龙舟是为了纪念杀蟒英雄段赤诚。

关于赛龙舟的时间，只要河水开，几乎任何时间都能赛龙舟。史书记载，暮春时节不能赛龙舟，"秋开五叶，蚕长三眠。人皆忙迫，谁敢渡船"。除此之外，九月观竞渡、五月划船赌赛，农历六月、八月皆有赛龙舟活动。

关于龙舟的制作，因地方习俗不同，龙舟的制作材料、形态、装饰、规模等也不相同。从规模看，有些龙舟的规模小，俗称"舴艋龙舟"；有些龙舟规模大且豪华，《资治通鉴》《金明池争标图》均有描绘。从制作材料看，有铁椿木制作而成的，如傣族龙舟；有杉木制造而成的，如苗族的独木龙舟。

关于赛龙舟的场景，史料中的描述也非常详尽。有对比赛热烈场面的描述，如唐朝储光羲所写的《官庄池观竞渡》，"落日吹箫管，清池发棹歌。船争先后渡，岸激去来波。水叶藏鱼鸟，林花间绮罗。踟蹰仙女处，犹似望天河"。有对比赛周围环境的描述，张说所写的《岳州观竞渡》，"画作飞凫艇，双双竞拂流。低装山色变，急棹水华浮。土尚三闾俗，江传二女游。齐歌迎孟姥，独舞送阳侯。鼓发南湖溠，标争西驿楼。并驱常诧速，非畏日光遒"。有对夜间比赛的描述，《江南志书·武进县》载，"近日又有夜龙船之戏，四面各垂小灯竞渡如白日"。

20世纪80年代，国家体委将龙舟竞渡列为正式的比赛项目，开展龙舟活动，可以增强人民体魄，培养勇敢顽强的精神，丰富城乡人民业余文化体育生活，进行爱国主义和集体主义教育。为了规范比赛，出台了《龙舟竞赛规则与龙舟竞赛裁判法》。1984年6月中国香港国际龙舟邀请赛上，东湾漳澎队战胜了四大洲17支强队，夺得冠军。1996年，澳大利亚国际龙舟赛上，广州番禺区女子龙舟队获得冠军。

龙舟竞渡活动最早兴起于中国，之后被传播至世界各地，成为当地的传统活动之一。龙舟竞渡活动时间不同，如老挝是在送水节，即每年10月15日；柬埔寨是在柬历每年9月。各国关于龙舟的称呼不同，日本称为白龙，印度称为蛇船。龙舟造型也有差异。

龙舟竞渡已经被列入《世界非物质文化遗产名录》。世界文化遗产专家组专家邓微说："沅陵传统龙舟十分有代表性，它拥有历史最悠久、参赛规模最大、运动员最多、观众最多共4项世界之最，将填补世界遗产项目空白。"

赛龙舟是一项竞技比赛活动，以先到达目的地的龙舟为获胜，不同的民族，赛龙舟活动各有特点。以苗族独木龙舟节为例，它是台江县等地区苗族人的传统节日活动，关于苗族人划龙舟活动的场景，《苗疆闻见录稿》《镇远府志》均有记载。每逢农历五月二十五日，苗族群众便会聚集在清水江附近举行"划龙"活动。"划龙"活动蕴含了多种类型的文化：龙舟出发前，杀鸡祭祀神灵以保佑龙舟平安归来，蕴含了浓浓的宗教色彩；参赛者身穿苗族服饰，体现了苗族的服饰文化。苗族独木龙舟节体现了很强的民族凝聚力，当地拥有专属的龙舟制作技艺，该比赛仪式独特、比赛程序明确。苗族独木龙舟节已被列入《国家级非物质文化遗产名录》。

云南傣族赛龙舟活动在澜沧江上举行，龙舟长约18米，宽约1.4米，最少可容纳30名划手，最多可容纳60人。龙舟中间站有1人指挥，以先到者为胜。其中，最吸引人的赛龙舟当属女子赛龙舟。

赛龙舟是贵州省铜仁市的传统活动项目之一，在铜仁已经有400

年历史，是为纪念爱国诗人屈原而设，每逢农历五月初五端午节，铜仁村民便会举办赛龙舟等一系列活动，比赛前会举行读祭文、点龙睛仪式；比赛开始，领先其他船只的船队，要绕回落后船只的船头才算取得比赛胜利；比赛结束后，还有抢鸭子、垂钓等娱乐活动项目。

2. 舞龙

舞龙最早是在远古时期龙图腾崇拜的基础上发展演变而来。舞龙又称之为舞雩，最早记载于《论语》。周朝时期，舞雩盛行，用于求雨和祭祀，人们排成长队形，模拟龙的动态边舞动边行走。西汉董仲舒所著《春秋繁露》记载了舞龙用于求雨祭祀，四季舞龙的颜色各有不同，春季舞青龙，夏季舞赤龙，秋季舞白龙，冬季舞黑龙。汉代王充《论衡·明雩篇》载，这是一种多人在渡沂水时表演的一种像龙一样的行列舞蹈，在暮春时分举行，用于祭礼。舞雩经过不断地演变，至明清时期，舞龙已经成为民间的娱乐活动之一，俗称"耍龙灯"。每逢传统喜庆节日，舞龙活动必不可少，以祈祷保佑人们幸福平安。

（1）舞龙的时间

每个地区舞龙的时间有差别。正月初一春节、正月十五元宵节是中国人民的传统喜庆节日，大多数地区都会举行舞龙活动，以祝愿新的一年能够五谷丰登。农历二月初二为春龙节，又名"龙抬头"，据传是尧王的诞辰，舞龙是为了发扬尧王文化，祈求来年风调雨顺；农历三月十五日是纳西族祭祀龙王的节日，即龙王会，人们会举行为期7日的龙王庙会；农历六月十三日是青岛海西村祭祀龙王的节日，称为海西龙王节，祈求龙王保佑出海平安；农历九月初九是壮族祭祀百灵的节日，称为百灵节，相传青年人百灵杀死恶龙、为民除害；农历十月十六是瑶族祭祀的节日，即盘王节。

(2) 舞龙道具

舞龙所用的道具是人工制成的龙。扎制龙的原材料可以是稻草、竹子、布料，也可以是纸张等。龙珠为圆形，球体直径为 0.33～0.35 米。各地区龙的节数以单数为吉，数目有所不同，有五节、七节、九节、十一节、十三节、十七节等，最多可达四十九节。比如广东烧火龙的节数为五节；湖南香火龙的母龙的节数为七节，子龙则为五节；贵州省隆里花脸龙的节数有十三节；德江土家舞龙的节数，最少九节，最多可达四十九节。

十五节以上的龙就显得比较笨重，不宜舞动，主要是用来观赏，这种龙特别讲究装潢，具有很高的工艺价值。还有一种火龙，用竹篾编成圆筒，形成龙身，糊上透明、漂亮的龙衣，配上内燃蜡烛或油灯，夜间表演十分壮观。如寨英滚龙的节数有十七节，需由 34 人轮番舞动方可，龙头上装有彩灯，夜间表演犹如彩虹飞舞。

20 世纪 90 年代，舞龙被列为正式的比赛项目，先后出台了舞龙竞赛规则，举办了多届舞龙锦标赛。全国各地有多所中学组建了舞龙队，参加省级舞龙锦标赛或者参加舞龙表演，舞龙活动成为校园文化的一道风景线。同时，舞龙项目已经走向国际，每年世界各地都会举办世界舞龙锦标赛等比赛活动，国内学校舞龙队也受邀参加国外交流会表演等。

(3) 列入非遗名录的舞龙项目部分列举

① 东都洪水火龙舞。东都洪水火龙舞被列入青海省级非物质文化遗产代表作名录（编号：省Ⅲ-Ⅹ-8），是青海省海东市乐都区洪水镇村民庆祝节日的传统活动之一，每逢农历正月十五，村民会举行耍火龙活动。

道具火龙的制作分为主火龙的制作和小火龙的制作。其中，主火龙龙头的扎制特点要突出龙舌，以彰显龙的张牙舞爪之气；龙身的制作材料，主干要使用粗麻绳，外裹以纸张、草、麦秆、柳条等易燃物，然后按照龙头比例，火龙要扎制成12节，代表的是1年的12个月和十二生肖，以示月月平安、吉祥如意；小火龙需要扎制24条，代表的是24个节气。

要火龙开始之前，村民需抬火龙至山头的点火嘴处，称之为送火龙；到达地点后举行祭祀仪式，然后鸣炮点燃火龙，将其从山顶抬至村中的空旷地，夜空中犹如一条火龙游动，甚是壮观。

人们还举行跳火堆活动，将24条小火龙分成6个篝火堆，该活动寓意是烧掉身上的晦气，新的一年有新的开始。

②城南龙灯。城南龙灯是江西省南昌市城南村的传统活动项目之一，现已列入江西省级非物质文化遗产代表作名录（编号：省Ⅱ-24Ⅲ-11）。

城南龙灯最早的舞龙形式是板凳龙，后经改良，成为现今色彩缤纷的布龙，当前的舞龙道具既有板凳龙、布龙，还有采莲船、花篮等表演道具配合演出，乐器在表演过程中起着重要作用。城南龙灯所用的乐器是专用乐器，包括八角鼓、双飞燕，还有常见的唢呐、笛子、锣鼓等吹打乐器。

城南龙灯的舞法、套路有几十余种，在国内外大小型赛事上均做过表演，如国际足球赛场表演；也参加过比赛，如亚洲龙狮锦标赛。

城南龙灯的传承人不断改良传统龙灯扎制的技艺，创造出了更多的舞法套路，以使该项目更易于表演，更具有美观性以及艺术性。

③香火龙。香火龙是湖南省南雄市百顺镇的传统活动项目之一，已列入第三批国家级非物质文化遗产代表作名录。该村村民因擅扎制龙、擅舞龙，又被誉为火龙村。香火龙在每年元宵节举行，村民舞动

香火龙拜年，家家户户要烧香、放鞭炮，恭迎祥龙。香火龙的制作材料为稻草，分别扎制公龙和母龙，两只龙的体积重量均有不同，前者的体积和重量均较后者大且重。舞龙之前要先插香火，两只龙身上在 15 分钟内需分别插满近 2000 条香火，然后由辈分高的长者舞动火球，引双龙隆重登场，舞龙者要表演双龙戏珠等多个动作，舞龙拜年、飞腾舞闹，寓意岁岁平安、国泰民安。

④ 寨英滚龙。舞滚龙是贵州省松桃县的传统项目，已列入贵州省级非物质文化遗产代表作名录。舞滚龙是寨英人的传统习俗，每逢正月十五，寨英人舞滚龙，祈求祛病消灾、风调雨顺。舞滚龙活动有舞前发灯祭典、滚龙表演、送龙祭典，最后龙身抬至寺庙前或河滩上焚烧。滚龙的龙骨由竹篾扎制而成，白布上描绘鳞甲附在龙骨上；龙头由粗竹编制而成，包裹上已描绘成龙头样式的布料并装上彩灯。入夜时分，舞动滚龙，缤纷艳丽，别有一番景色。

(4) 部分少数民族舞龙活动及节日

① 瑶族舞龙。乳源瑶族自治县有舞龙习俗，据传是为了纪念先辈开发大山嶂，每年元宵节村民便会舞龙，预示新的一年吉祥如意。不同地区，草龙的形式也不同，杨溪、桂头舞的是木雕龙，附城舞的是纸扎龙，大布、大桥等地区舞的是稻草龙。乳源县舞龙活动，除了民间自发组织外，还有学校组织的舞龙活动。

② 招龙节。招龙节是居住在贵州省雷山县苗族人的传统节日，每 13 年举行一次。龙神被苗族人视为吉祥之物，招龙节这天，苗族人要盛装出席，吹着芦笙、手持礼信（礼信指的是米酒、糯米饭、猪肉等），前往山顶招龙。招龙仪式上，念祭词、奉祭物，然后引龙神回村，苗族人要脚踩芦笙、唱起苗歌、摆宴席、送贺龙礼，祈求岁岁平安、人丁兴旺。

在正月十五元宵节举行的与龙相关的活动，还有贵州省余庆县的余庆龙灯、镇原县的元宵龙灯会、瓮安县的草塘火龙、台江县的舞龙嘘花、德江县的土家舞龙等。

二、与狮相关的传统体育项目

狮子被人们奉为瑞兽，象征吉祥如意，是吉祥之物。据传，狮子是文殊菩萨的坐骑，可以避邪，有"避邪狮子引导其前"的说法。舞狮可以避邪，很早在民间开始流行起来，舞狮最早是在东汉时期，之后三国南北朝开始盛行。在民间，舞狮表演寓意消灾解难、吉祥如意，因此每逢节日庆典，舞狮闹春必然是民间传统活动之一。不同地区，舞狮的表演方式、动作技巧、道具等也各不同。

1. 高兴线狮

高兴线狮是山东省日照市岚山区高兴镇冯家庄村的民间活动，是在民间狮子舞和提线木偶基础上创编而成，现今传承人是杨淑学先生。舞狮时，表演者要不断拉动绣球，还要做出各种动作，如翻跟头、腾空跳跃等，达到狮子咬绣球咬而不得的效果。高兴线狮已经被列入山东省非物质文化遗产项目名录（编号：省Ⅳ-399　Ⅵ-40）。

2. 梅花桩舞狮

梅花桩舞狮是山东省济宁市梁山县的民俗活动，既是一项武术运动，展现了梅花拳武术和梅花桩武功，又是一项舞狮的娱乐表演活动，现今传承人是冯建武先生。该表演要在梅花桩上完成舞狮活动，对表演者的桩功要求极高，舞动时要通过马步的变换配合狮头的动作，展现狮子的各种形态，诸如迎宾、发威、翻滚等。梅花桩舞狮已经被列入山东省非物质文化遗产项目名录（编号：省Ⅲ-327　Ⅲ-47）。

3. 南狮

南狮又称醒狮，在华南地区非常普遍，在珠江三角洲一带开展较好,市场化程度较高。南狮造型较为威猛,舞动时注重武术的各种步形、步法、身形、身法,一般需要两人共舞,可分狮头和狮尾。狮头以戏曲面谱作鉴,色彩艳丽,制造考究;眼帘、嘴都可动。南狮的狮头还有一只角,传闻以前是用铁做,以应付舞狮时经常出现的武斗。传统上,南狮狮头有"刘备""关羽""张飞"之分。3种狮头,颜色不同,装饰有别,舞法也需要吻合刘、关、张三人的性格。舞南狮时,肢体语言表达丰富,如起势、静态、奋起、疑进、抓痒、施礼、惊跃、审视、酣睡、出洞、发威、过山、上楼台等,狮舞者透过不同的马步、身法等,配合狮头动作把各种造型表现出来。南狮明显讲究的是意境和神似。南狮有出洞、上山、巡山会狮、采青、入洞等表演方式,采青最为常见。为了增加娱乐性,采青有时还会用上特技动作,例如上肩(舞狮头者站在狮尾者肩上)、叠罗汉、上杆(爬上竹竿),或者过梅花桩(经过高低不一长木桩)等。舞南狮时,一般要在高桩上完成,再配以大锣、大鼓、大钹,狮的舞动要配合音乐的节奏。传统的南狮,还会有一人扮作大头佛,手执葵扇带领。舞狮之前通常还会举行点睛仪式,仪式由主礼嘉宾进行,把朱砂涂在狮的眼睛上,象征给予生命。

4. 手摇狮

手摇狮是江西省抚州市金溪县的民族节目之一,已被列入江西省非物质文化遗产名录(编号:省Ⅱ-18　Ⅲ-5)。手摇狮的前身是板凳狮舞,后经改良,将道具板凳改为了手持狮子,即成为现今的手摇狮。

手摇狮需要舞狮人有一定的武术功底,在表演过程中,要使用手腕的力量表现出狮子的动作,如挠痒痒、舔毛等;要使用腿部的力量表现狮子的前行、纵跳、俯卧等动作。每只狮子均由一位表演者负责,舞狮表演形式共有108套,表演过程中,舞球者负责指挥,舞狮者负责完成表演动作,整个表演过程均会有唢呐等吹打乐器做伴奏以活跃气氛。

手摇狮的传承人是金溪胡家人，又称胡家手摇狮，但因后继无人，108套表演形式已经有部分套路失传。为了保护这一非遗项目，金溪县政府采取了如下几项措施：一是拨出专项资金用于培养传承人、配置道具等；二是成立项目保护小组，用于协调工作；三是加强宣传工作，手摇狮相继参加了江西省民间艺术会演、江西省全民健身运动会的演出、北京百花迎春春节晚会等，该项目还被宣传到日本等地，颇受好评；四是将手摇狮纳入了金溪县小学课程表中，现如今手摇狮传承人将表演乐谱、舞蹈动作进行了文字记录并整理成册。

5. 新安狮子舞

新安狮子舞是青海省平安县新安村的节日活动之一，该项技艺已经被列入青海省非物质文化遗产代表作名录（编号：省Ⅳ-12 Ⅲ-2）。每逢农历正月初八至十五，村民便会为制作好的狮子开七窍、烧香、搭红，舞狮以祈求风调雨顺、祛病消灾、吉祥平安。新安狮子舞由三头狮子组成：一头大狮子，又称雌狮、太狮，因体积大、重量重，需由两位舞狮人方能进行表演；两头小狮子，又称少狮，各由一位舞狮人即可进行表演。

相较于其他地区的舞狮，新安狮子舞的表演动作更加温顺，又称之为文狮，表演过程需由伴奏乐器来引领表演，而非引狮人。和其他地区的舞狮动作相同之处在于，表演动作要到位，要有情感，要将狮子的高兴、悲伤、痛苦、喘息等动作展现得活灵活现。

新安狮子舞所用的道具狮子，其制作过程采用的是古老的工艺技术，制作过程复杂，制作时间较长，通常传承人在秋收后便开始着手了。新安狮子舞是与祭祀相关的活动，舞狮前村中老人会为狮子点七窍，然后作为土主神下山，村民要烧香化裱做好迎神准备。新安狮子舞源于清朝，其传承人是新安王家人，至今已经有160余年的历史，由于舞狮需要消耗大量的体力，因此，该项技艺只传男不传女。

6. 高台狮灯舞

高台狮灯舞是黔西南布依族苗族自治州的传统项目之一，贵州省瓦噶布依村被誉为布依高台狮灯舞艺术之乡，已列入第二批国家级非物质文化遗产代表作名录。舞狮运动不局限于传统节日，婚丧嫁娶也会举办。高台狮灯舞的道具首先是高台，即由 4 张桌子合并成第一层，越往上叠加，桌子越少，第四至七层时，可以是一张桌子；舞狮者可以是 4 人到 15 人不等，均需要有一定的武术功底，与其说是一项传统体育运动，不如说是一项技术含量极高的杂技运动。舞狮者要把狮子的动作、表情表演到位，还要表演叠罗汉、雏鹰展翅、冲天倒立等高难度动作。这些表演让观众捧腹大笑的同时，也是高度惊险的表演。

高台舞狮是仫佬族的传统项目之一，流行于贵州省道真县、务川县、德江县等地区，现已被列入贵州省级非物质文化遗产代表作名录。舞狮运动是正月的活动之一，正月初一时，舞狮队走村串户，家家户户要放鞭炮迎接舞狮者到屋内，参香以驱邪，预示吉祥喜庆；正月十五时，白天表演高台舞狮，晚上表演狮子灯。道具狮子由当地竹子扎制而成，其硬度高、柔韧度好。道具狮子裹以黄布，缀上金线条，施以彩绘；高台叠成宝塔形，第一层可以是 3 张桌子拼成，也可以是 7 张桌子，向上依次减少桌子数量。高台舞狮有"宝塔冲天""下岩摘桃""蜘蛛牵丝"等 56 个动作，舞狮者完成这些动作需要 3 个多小时。

新化舞狮是侗族的传统项目之一，因其 6 层高台配合舞狮，因此也被称为高台舞狮，现已被列入贵州省级非物质文化遗产代表作名录，每逢正月春节期间举办该活动。贵州省锦屏县新化乡是古代军屯之地，新化军人性格刚毅、勇武，其舞狮活动彰显了新化军人的威武雄壮之风。道具狮头造型圆大，前额宽阔，狮鼻向前突出，狮子头顶扎上彩球，狮脖上安上响铃，舞动时铃铛叮咚作响，表演动作中以"抢登高楼"最为精彩。

第二节　养生类传统体育项目

自古以来，养生之道一直受到广泛重视，养生保健、延年益寿是人们为之努力的目标。《黄帝内经》是中国现存最早的医学典籍之一，也是最早讲述养生理论的奠基之作，提出要从饮食起居、呼吸吐纳、精神修养等多个方面进行修养，才能达到养生目的。起居要有常，古人讲究"春三月，夜卧早起；夏三月，夜卧早起；秋三月，早卧早起；冬三月，早卧晚起"。饮食要均衡，讲究"五谷为养、五果为助、五畜为益、五菜为充，气味合而服之，以补益精气"。运动要动静有度，"久视伤血、久坐伤肉、久立伤骨、久行伤筋、久卧伤气"。养生先养心，身心健康才是真健康。《素问·上古天真论》中言道："恬淡虚无，真气从之，精神内守，病安从来？"养生练习功法如太极拳、八段锦、气功、易筋经等均是遵循动静结合、和谐适度的养生运动观，注重调息、守意、运形。

一、太极拳

太极拳是传统武术的重要组成部分，也是我国优秀的非物质文化遗产之一。它是以阴阳五行八卦为理论基础，结合拳术、呼吸吐纳术、导引术为一体的内家拳术，是国内外公认的、经科学验证的具有健身价值的运动。太极拳注重思维意识、呼吸、四肢动作的协调一致,即以意领气,注重腹式深呼吸运动,用意识引导四肢动作,呼吸运动与四肢动作协调一致,眼法、手法、步法、身法要完整一气,兼顾连贯,动作连绵不断,运动速度快慢均可。

大量学术研究认为,太极拳是一项有益于身心健康的活动。《新英格兰医学杂志》等国外医学类期刊发表了关于太极拳与纤维肌痛、高血压、糖尿病等疾病的研究,结论得出太极拳运动有利于缓解这些疾病症状,具有很高的医学价值,被称为"流动的药"。首先,太极拳的运动量大,运动强度偏中等,动作幅度大而柔和,锻炼了全身的肌肉群和各处关节;其次,复杂的动作能提高大脑中枢神经的紧张度,也间接地训练了各器官的功能,起到了调节大脑功能的作用;最后,吐故纳新的腹式呼吸运动,要求锻炼者随动作调整呼吸,做到深、长、细、缓、匀,有助于锻炼呼吸系统。

吴氏太极拳是山东莱州王有林与吴鉴泉在太极拳的基础上改编而成,套路共有83式,历经王茂斋、修丕勋、修占等人的传承、发展,现今的吴氏太极拳依然保留了原创套路的风格,已经被列入山东省传统体育非物质文化遗产项目名录(编号:省Ⅱ-238 Ⅵ-24)。

二、五禽戏

《黄帝内经》认为,运动养生要动静有度、刚柔相济、和谐适度,要结合运动动作、呼吸吐纳、面部表情、动作姿态进行锻炼,既练习了外在的筋骨皮,又练习了内在的精气神,而精气神是人体生命的根本,古代养生医家将其视为人身三宝。神医华佗创编的五禽戏,正符合这种养生运动,模仿了虎、鹿、熊、猿、鸟的动作和神态,并结合人体脏腑、经络和气血的功能,协调平衡,改善关节功能及身体素质。现代研究证明,五禽戏能提高心肺功能,改善心肌供氧量,提高心脏泵血能力，促进组织器官的正常代谢。

五禽戏最早记载于西晋陈寿所著的《三国志·华佗传》："吾有一术，名五禽之戏，一曰虎，二曰鹿，三曰熊，四曰猿，五曰鸟。亦以除疾，兼利蹄足，以当导引。体有不快，起作一禽之戏，怡而汗出，因此著粉，身体轻便而欲食。"南北朝名医陶弘景的《养性延命录》介绍了五禽戏的具体动作："虎戏者，四肢距地，前三掷，却三掷，长引腰，侧脚，仰天即返，距行，前、却各七过也。鹿戏者，四肢距地，引项反顾，左三右二，伸左右脚，伸缩亦三亦二也。熊戏者，正仰，以两手抱膝下，举头，左辟地七，右亦七，蹲地，以手左右托地。猿戏者，攀物自悬，伸缩身体，上下一七，以脚拘物自悬，左右七，手钩却立，按头各七。鸟戏者，双立手，翘一足，伸两臂，扬眉用力，各二七，坐伸脚，手挽足趾各七，缩伸二臂各七也。"

五禽戏发展于隋唐、宋元时期，孙思邈、柳宗元、陆游等对五禽戏机理和当时的操练情景均有论述或描述。明清时发展更快，专著增多。至民国时期，华佗五禽戏主要流传于亳州华佗故里小华庄和周边地区。路武举、董文焕、刘时荣等各代传人将五禽戏不断发扬光大。

五禽戏真实反映了我国人民群众健身文化的发展变迁，开创了祛病健身的体育医疗先河。练习五禽戏，可以舒展全身肌肉和各处关节，将肢体的运动和呼吸吐纳有机地结合到一起，形成了一种外动内静、动中求静、动静兼备、有刚有柔、刚柔相济、内外兼练的养生功法，不仅具有保健强身的功效，还展现了养生哲学和道家文化，具有重要的养生医疗价值和历史文化价值。

三、八段锦

八段锦形成于 12 世纪，后在历代流传中逐渐形成许多练法和风格各具特色的流派。八段锦是内练精气神的保健养生功,也是人们防治疾病的常练功法。八段锦分武八段与文八段两种。武八段多为马步式或站式,又称北派,适合青壮年与体力充沛者。文八段又称南派,多用坐式,功法恬静,运动量小,适于中老年人群起床前或睡觉前练习,注重凝神行气。八段锦无论是南派、北派,都同出一源,在流传中相互渗透,逐渐趋向一致。国家体育总局新编的健身气功·八段锦主要练的是站式八段锦,动作简单,易记易学,适合男女老少不同人练习。

中医学认为,八段锦柔筋健骨、养气壮力,具有行气活血、协调五脏六腑的功能。现代研究也证实,八段锦的动作柔和缓慢,可以让机体在充分放松的基础上,发挥人体自身的调节作用,有利于机体的全面康复和功能水平的提高。八段锦导气引体调畅气血的原理是通过外在肢体躯干的屈伸俯仰和内部气机的升降开合完成的,从而使人体全身的筋脉得以牵拉舒展,经络得以舒畅,实现"骨正筋柔、气血以流"的目的。研究结果表明,坚持练习八段锦,人体的血管弹性可有较大改善,心肌收缩更加有力,迷走神经的兴奋性进一步提高,血管的充盈度和节律性更强。

第三节 武术

中华武术是中华民族的瑰宝,武术文化源远流长。中华武术派别众多,内容丰富多样,民族特色浓厚,深受国内外武术爱好者的喜欢。

中华武术是人们在长期生活、劳动和斗争实践中逐渐积累和发展起来的,是一种形神兼备、技道并重、内外兼修、体用俱备的人体文化，在漫长的岁月里，为适应社会发展的需要，武术已经逐渐影响了人们的生活方式。武术内容丰富，形式多样，风格独特，不仅具有改善人的生理功能和心理功能等功能，还具有防身自卫、观赏娱乐、竞技比赛、提高人的社会适应能力等功能。与世界其他体育项目相比，武术深受民族传统文化的熏陶和地理环境的影响。理论的一法一理，技术中的一招一式，无不体现出浓厚的民族特色。

一、武术的历史

武术是劳动人民在长期生产生活实践过程中产生和发展起来的。武术的产生最初源于自然环境恶劣的原始社会，为了生存而学习搏斗技能；武术的萌芽源于部落战争，从战场搏斗中汲取战斗经验，提高格斗技能。朝代的建立、青铜武器的发展、军事战争的频繁，使军事武术训练得到了大幅度加强，以适应战争的需要，因此，武术注重实用性、规范性。随着社会生产力的发展，武术的功能逐渐多样化，有表演性质的武术、比赛性质的武术和娱乐性质的武术。

武术在封建社会时期得到了发展，出现了大量的武术类典籍著作，明末清初达到高峰。

宗教文化的发展，使得武术与宗教有了千丝万缕的联系，衍生出了道教武术、佛教武术等。唐朝实行武举制，优秀的武术人才促进了武术的极大发展，如裴旻将军的剑术等。民间出现各种武术组织社团，如英略社、锦标社、川弩社等。

近代社会，武术运动作为我国体育事业的一个重要组成部分开始发展起来，武术运动的性质以强身健体为主。在民间，各种拳社、国术馆、武士会、体育会等武术组织举行或参与各种大中小型的国内外武术比赛、武术表演促进了武术的发展；在学校，武术课成为学校体育课程中的一种。武术的学术研究、武术资源的开发、武术的对外宣传交流，使得武术呈现百花齐放的局面。

二、中华武术的分类

1. 传统武术流派的分类

历史上关于武术流派，较有影响的主要有以下几种分类方法。

（1）按动作幅度划分

长拳：可理解为动作幅度大开大合、长而舒展、进退急速的拳术；

短打：可理解为动作幅度小、变化多端、贴身近战的拳术。

明代戚继光在《纪效新书》中介绍了当时流行的拳法有"长拳""短打"的分类，记载了"势势相承"的宋太祖三十二式长拳，还有"张伯敬之打""李半天之腿""千跌张之跌"和"鹰爪王之拿"等不同流派。明代程宗猷《耕余剩技·问答篇》记载"长拳有太祖温家之类，短打则有绵张任家之类"。后来人们将遐举遥击、进退急速、大开大合、松长舒展的拳术称为长拳类，而贴身近战、势险节短、动作幅度小、短促而多变的拳术称为短打类。

（2）按练功形式划分

清初黄宗羲所著《王征南墓志铭》区分了"内家"与"外家"，其中记载，"少林以拳勇名天下，然主于搏人，人亦得而乘之。有所谓内家者，以静制动，犯者应手即仆，故别于少林为外家"。可以理解两者指的是拳种，因练功形式不同而划分。

内家拳：注重动作以静制动，例如太极拳、形意拳等；

外家拳：注重"主于搏人"，例如少林拳。

(3) 按江河流域划分

黄河流域派：动作柔和，幅度长而舒展，例如查拳、少林拳等；

长江流域派：武术与民间舞蹈结合，例如十字手、四门重手等；

珠江流域派：穿透性强，例如凤眼拳、铁拳。

民国初年《中国精武会章程》等书中，使用了"黄河流域派""长江流域派"，以江河流域分派。曾流传于不同区域的武术，风格特点迥然各异，因而被划分为不同的流派。

(4) 按地域划分

南派：以拳法为主，腿法为辅，例如武当派；

北派：以腿法为主，拳法为辅，例如少林派。

两种划分法见于民国时期陆师通《北拳汇编》等书使用的"南派""北派"的分法。此说在民间广为流传，以流传地域为基础，并受地理环境、气候的影响。我国南方流传的武术拳法多，腿法较少，动作紧凑，劲力充沛；而北方流传的武术腿法丰富，架势开展，动作起伏明显，快速有力，故有"南拳北腿"之称。

(5) 按山脉划分

少林派：分为南派少林和北派少林；

武当派：以静制动，以柔克刚，以短见长；

峨眉派：以柔克刚，借力打力，动静结合。

少林派因以少林寺传习拳技为基础而得名。少林拳源自嵩山少林寺僧众传习的拳术，后来逐步发展与少林拳系特点相近的拳技归为少林派。少林派拳技有少林拳、罗汉拳、少林五拳等。内家拳俗称为武当派，以黄宗羲撰《王征南墓志铭》为据，有所谓内家者，以静制动，犯者应手即仆故别于少林为外家。盖起于宋之张三峰（丰）。三峰（丰）为武当丹士，故名。清末又有人称太极拳传自明代武当道士张三丰。此后遂将内家拳、太极拳、八卦掌、形意拳称为武当派。

1928年成立的中央国术馆，曾一度依这种民间分类和称谓，将该馆教学内容分为"武当门""少林门"。现今有人将流传于武当山地区的武术称为"武当派"。

武术流派的形成，伴随着整个武术发展的历程。早期武术流派是以古兵器为标志的，有长兵、短兵的分类方法。随着武术运动的发展，不同技术特点风格的出现，形成了流派林立、百花争艳的局面。武术流派的形成都是既有继承，又有创新。如戚继光三十二式长拳是吸取十六家拳法之长而创立的；陈氏太极拳的形成就是由陈王廷吸取了各家拳法之长，以戚继光三十二式长拳为基础发展而来的，后经杨露禅、武禹襄、孙禄堂、吴鉴泉等人的丰富，逐渐形成太极拳派。这个逐渐鲜明、相对稳定而又传播开去的过程，就是某个流派最终形成的过程。

武术流派的发展大致有三种情况。其一，类同合流，壮大拳派。流派在发展过程中，将一些技法特征相同或相类的拳种归为一类，形成较大的拳派。传统的少林拳派就属此类情况。其二，繁衍支系，发展拳派。各式太极拳的繁衍，即属此类情况。其三，融合诸家，创立新派。如蔡李佛拳、五祖拳以及形意拳、八卦拳等，这种现象尤多。武术流派在漫长的历史过程中，虽然受到封建时代小农经济以及宗法制度等影响，使技术流派蒙上宗派、行、帮、教门等色彩，但武术流派在中国武术发展的历史长河中仍然起着积极的作用。流派体现了不同技术特点的风格，流派组成了不同的门类，流派延续了古老的技艺，使武术得以生生不息。

2. 现代武术运动的内容与分类

现代武术的分类方法有按性质和功能进行分类的，也有按运动形式进行分类的。这些分类方法有利于展示现代武术的基本内容，区分武术技术特征的不同，揭示武术运动的某些规律和所属技术间的相互关系。现代武术与传统武术是一脉相承的，传统武术是现代武术的源头，现代武术吸取了传统武术的技法结构，并在此基础上发展，在价值取向上发生了很大的变异。现代武术的竞技价值和健身价值显得更为突出，它正在向多元化发展。

武术按照功能进行分类，可分为竞技武术、健身武术、实用武术、学校武术和演义武术等。

竞技武术是指高水平武术竞技，为最大限度地发挥个人运动潜能和争取优异成绩而进行的武术训练竞赛活动，它的特点是专业化、职业化、高水平、超负荷、突出竞技性。竞技武术正式出现在20世纪50年代以后，至今已形成一个完整体系。竞技武术大致包括竞赛制度、运动队训练体制和技术体系三大部分，以竞技武术为形式的国际性武术比赛有世界武术锦标赛以及洲际性武术比赛。竞技武术在国内是以全运会为最高层次，以全国武术锦标赛为龙头，以套路、散打为主要竞技内容的结构模式。在技术发展方向上，套路以突出竞技特点、提高技术水平并鼓励发展创新为基本思想，使技术向"高、难、美、新"的方向发展。散打技术特点是强化体能、技法全面、突出个性、快狠巧准。竞技武术发展的最高目标是进入奥运会。

健身武术是以普及为基础，旨在强身健体而开展的群众性武术活动，它的特点是大众性、广泛性、自觉性、灵活性、娱乐性。健身武术涵盖的内容广泛。源流有序，脉络清新，风格各异，自成体系的拳种少说有一百多种，还有流传于民间的不同风格的套路以及各种功法。健身武术的内容也包括针对武术普及和全民健身计划制定的段位制和健身养生锻炼方法。健身武术内容丰富多彩，形式多种多样，有利于武术广泛普及，推进了武术的社会化。

实用武术是以部队和公安武警为对象，特点是简单实用，一招制胜。特种部队、防暴警、公安等在训练内容上主要有四科，即射击、奔跑、游泳和擒拿格斗，其中擒拿格斗技术将散打规则中禁击部位作为重点攻击点，鼓励狠招，以实用武术为主。

学校武术是指以武术运动作为手段，一方面通过适当的武术练习提高青少年的身体素质，另一方面通过武术练习、竞赛、交流，培养青少年自强不息的精神、厚德载物的品质以及和合相生的襟怀。

三、武术的基本要素

1. 内外相和的高度协调

武术运动动作变化多端，方向复杂，重复少，牵一发则动全身，每一动作既要求手、眼、身、步的高度配合，还要求躯体运动与内在精、神、意、气的协同一致。在武术中有"外三合"之说，即手与足合，肘与膝合，肩与胯合；也有"内三合"之说，即心与意合，意与气合，气与力合。内、外三合又要相互协调，缺一不可，这种高度协调的要求永无止境。所谓"行家一出手，便知有没有"，炉火纯青的武术家从一个极简单的动作也能显示出不凡的功力和神韵，这正是一种超群的协调，是千锤百炼的结果。

2. 刚柔相兼的劲力方法

中国武术在用力方式上主张亦刚亦柔，不同于西方体育项目追求外显的力量、速度以及强调极大限度的力量动员。武术则取其中，取其内，认为"纯柔纯弱，其势必削；纯刚纯强，其势必亡"，只有取刚柔之中和，才会生出极其丰富的劲力表现，所谓"刚柔相推而生变化"。为此，中国各家拳法或刚中含柔，或先刚而后柔化，或先柔而后刚发，发劲中讲究调集全身，发于一点。中国武术的劲力变化使人琢磨不尽，充满力的内蕴技巧。

3. 运气调息贯注动作

中国武术重视运气和调息的锻炼。武术在调息中注意与动作起伏变化的配合，所谓"提、托、聚、沉"，是说腾起时提气，站立时托气，发劲时聚气，低势时沉气。更重要的是运气，讲究以心行气、以气运身；运动时行气如九曲珠，遍体活泼，以养刚中之气、浩然之气，贯于脊中而收于丹田；发力时则从脊而发，达于四梢。中国武术重视养气、练气、运气，使气在意念引导之下运转，与动作相合，做到心为令，气为旗，以意导气，便利从心。

4. 气势连贯的整体意识

中国武术在拳路中强调动作与动作的内在联系，在练法上讲究势势相承，一气呵成。对整套动作最忌"断"字，要求气脉不断，动作与动作连接并非不允许间歇停顿，而是强调一招一式之间做到形断意连、势断气连。要善于运用内在的心志活动，即心、神、意、气将动作有机地连接起来，表现出生动的气韵、如虹的气势、贯一的气质。格斗中也讲究拳打一气连，兵战杀气勇，不招不架就是一下，犯了招架就是十下，势势相承，连环成招，贯串一气，令对手防不胜防。

四、武术的作用

1. 增强体质

中国人历来重视运动，重视生命，注重养生之道，所以在武术发展的过程中必然受中国养生之道影响和渗透，从而增强了武术的健身价值。由于武术的内容丰富，不仅有套路练习形式，还有对抗练习形式。套路练习中不仅有拳术，还有多种器械；不仅有单人练习，还有对练；并且还有多种拳种和流派。这些不同的练习形式和内容各有其运动特点，所以对人体健康有多方面的影响，可以全面地促进人的身体素质的提高。武术锻炼对人的力量、耐力、速度、灵敏度、柔韧性等各种身体素质的发展都有良好影响,不同的人可以根据个人不同的爱好和条件,选择适合自己的武术内容进行锻炼,以达到更好地增强体质的目的。

2. 防身自卫

武术本是一种武技,是一种技击术:一方面可以全面地提高人的身体素质,随着体能的增强也必然提高人进行技击对抗的能力;另一方面,练习者通过武术锻炼也可以学会一些攻防技击技术,直接提高练习者的对抗水平,散打、推手的技术与实践十分接近,许多动作可以直接体现防卫效果,散打和推手中的一些战术有益于增强自卫防身的能力。

3. 修身养性

武术在绵延几千年的历史中,一向重礼仪,讲究道德,尚武崇德成为学武人的一种传统教育,诸如尊师重道、讲理守信、见义勇为、不凌弱逞强、学之有恒、精益求精等。经常习武,可以培养和陶冶高尚的情操。激烈的攻防技击与人生修养结合,体现了中国武术的伦理理念。初学武术十分艰苦、枯燥,冬练三九、夏练三伏对人的意志品质是很好的磨炼,武术为终身不尽之艺,更需要人们具有永不自满、砥砺精进的品质。经过长期训练,可以培养人们刻苦、坚韧、勇于进取和虚心好学等优良品质。

4. 观赏娱乐

武术作为东方文化的一种表现,具有很强的艺术魅力和观赏价值。武术既是一种人的身体活动,具有人体运动的一般审美价值,又是一种武技,能表现人在攻防技击时的技巧和能力,所以具有技击性的神秘色彩和审美价值。同时,武术既有单练又有对练,既有套路训练又有对抗性练习,使它可以满足人们的不同欣赏需要。武术套路表现的轻重缓急、起伏转折,富有生动的韵律,气势如虹的招式创造了一种演练艺术，散打中的激烈和巧取、推手中的借力发力，都表现了极大的观赏性和极高的表演艺术，风靡世界的功夫影视片，正是以武术技艺为基础的。

第七章
传统体育非物质文化遗产的现状研究

第一节 传统体育项目的现状及问题

一、传统体育基础设施建设的现状

传统体育基础设施建设与本地区经济发展水平是密切相关的。传统体育基础设施的建设主要是活动场地的建设，用于传统体育项目的推广和宣传。无论是国际级、国家级、省级、市级的传统民族项目运动会，都会规定举办地体育场地的规格和标准，只有达到相应的要求，才能举办活动。传统体育项目娱乐性强，和竞技赛完全不同。这是传统体育项目的特点，我们并不需要强制给每个项目制定比赛规则，但是需要提供正规的活动场地，一方面可以吸引更多的人观看，提高人们对传统体育的认识，带动当地经济的发展；另一方面可以吸引不同规模的运动会将其作为主办地，有利于宣传当地的传统体育项目。比如每届的全国少数民族传统体育运动会，除了比赛项目外，还

设有表演项目，这些表演项目都是来自各地区的传统体育项目。因此，加强地方传统体育基础设施建设尤为必要，在资金投入方面，单纯依靠政府投入是不够的，还应制定相关政策吸引赞助商或社会人士的资金投入。

二、传统体育项目传承人的现状

历代以来，我国传统体育项目的传承是通过口传身教的方式进行传承，项目传承人是项目传承的重点，因此，项目传承又称之为"活态传承""人的传承"。这种传承方式的局限性很大，一方面，传承人是否愿意、能否将其传承下去，下一代传承人是否心甘情愿传承该项目，都存在很大变数，不仅涉及经济问题，还有下一代传承人的能力问题等；另一方面，口授的形式不如文字形式容易保存，如何将传承项目完整地保存下来，是一个相当大的工程，涉及各民族的语言、民俗问题。现如今，越来越多的传承人已经到了花甲之年、耄耋之年，但其传承的项目还未找到传承人，如何尽快解决传承问题是当地政府亟待解决的问题。如果单纯依靠政策指引，不做实地调查，具体问题具体解决，在不久的将来，可能会有一大批传统体育项目失传。

第二节 传统体育非物质文化遗产保护的现状

一、中西方体育文化的差异

1. 物质层面的差异

东西方体育文化产生真正的差异的时代是工业革命开始后逐渐形成的，而且很快将东西方拉开了差距。以英国为代表的资本主义工业化的早期,即资本主义生产完成了从工场手工业向机器大工业过渡的阶段,是以机器生产逐步取代手工劳动、以大规模工厂化生产取代个体工场手工生产的一场生产与科技的革命,后来又扩充到其他行业。英国新兴的资产阶级为了解决由于大机器生产、生产节奏加快及城市人口剧增等带来的一系列社会问题,在全国积极推行发展户外运动和游戏,如狩猎、钓鱼、射箭、旅行、登山、赛艇、帆船、游泳、水球、滑冰、疾跑、跳远、跳高、撑竿跳高、投石、掷铁饼、羽毛球、板球、地滚球、高尔夫球、曲棍球、橄榄球、足球等。随着英国的对外发展,户外运动和游戏的影响很快传到了美国、法国及世界其他国家。工业革命使西方进入了一个为了空闲时间的玩耍而发明和制造专门娱乐工具的时代。

而此时的东方,尽管有一些娱乐工具被设计和生产出来,但大多与体育运动无关,如麻将、棋类。当然,在中国,也曾有过专门设计和制造体育项目的历史。资料显示,"蹴鞠"就是专门创造并制作用于玩耍的体育娱乐活动。蹴鞠是起源于春秋战国的古老体育项目,分为直接对抗、间接对抗和白打三种形式。到了隋唐,蹴鞠出现了充气的蹴鞠球,与当今的足球已经比较接近了。另外,中国古代还创造了与高尔夫十分相似的"捶丸"。据元世祖至元十九年(1282年),一个署名宁志斋的人写的一本《丸经》的书记述,捶丸最早出现在宋徽宗时期,在宋、元、明朝曾经大盛。不过,这些体育项目到了近现代便消失了。

东西方体育物化形态的差异,主要表现在以工业化方式生产出来的体育器具上,它不仅从量上解决了物质的满足程度,人们也更加容易将自己的想象和创造变成新的现实,这是手工业依靠个别的能工巧匠所不能实现的。物化形态的差异不仅影响东西方体育活动的内容,也影响了人们进一步创造和发展新的体育娱乐方式的可能性。

2. 价值层面的异同

价值观念的变化是社会改革的前提，又是社会改革的必然结果。随着生产力发展水平和人类认识能力的不断提高以及需要结构的变化，体育的功能和价值逐渐显现并不断得到拓展。无论是中国体育还是西方体育，都是以人的全面发展为根本，在这一点上并无差异，但作为人类生产和生活实践的产物，却因不同民族的生产、生活方式和文化习俗以及对人的认识存在的文化背景上的差异，而使得体育运动表现出各自不同的民族特征，各民族对体育的认识也不尽相同。

（1）不同的文化背景对休闲体育价值观念形成的比较

在中国的传统文化中，休闲注重的是人的内在气质、品格、精神、信念、修养等，而人的身体则被认为是内在心理的外在表现。在中国传统文化发展历程中，对人们价值观产生较大影响的三大文化流派分别是道家文化、儒家文化和佛家文化。这三种文化流派都对中国传统休闲价值观的形成产生了重要影响。因而，中国传统体育的一个显著特点就是通过以外达内、由表及里、由上而下的身体有形活动，实现理想人格的塑造。其作用对身体的发展并不作过高的要求，仅仅以养护生命、祛病防病和延年益寿为主，注重保健养生和健康生命。

在西方的体育价值观中，他们不仅重视身美体健而且重视精神美，强调二者和谐统一。他们追求的信仰不是看不见摸不着的某种内在人格，而是有着匀称、健美的身体，并擅长各种运动的人。这种注重人体本身价值的文化观念，直接影响到西方人的体育价值观。

（2）不同的人生观对东西方体育运动的影响

在东方意识文化形态里，好逸恶劳是一种被极力否认的非理性的人性选择，古人强调，人生的最大价值在于为社会做出力所能及的贡献。勤劳务实素来是一种被称赞和提倡的美德，人们认为，嬉戏和玩耍是一种精力和时间的浪费，是不务正业的表现。

在西方社会里，主张追求和平公正，尊重人的自由意志，塑造完美的人格。人们正是因为对自由、休闲生活的向往，才更加努力地工作，进而推动社会的发展。

3. 制度层面的差异

人类的共同性活动通常有活动的规范，从而保证活动能够顺利进行。尽管传统体育活动具有很大的自由度，一旦有多人参与，就会产生相应的活动规范。由于东西方国家的活动方式不同，所以在活动的规范上存在很大的差异。

西方的活动方式产生于工业时代，制度化和规范化是这些项目的共同特征。规范性的表现就在于对场地器材的一致性规定，对活动方法的统一要求。比如球类项目，活动的参与者通常在两人以上，如果参与者的活动方式不一致，那么该活动无法继续下去。

东方的活动方式产生于农业社会，对生产方式没有一个标准。对应到传统体育活动，则更无规范可言。比如武术，门派繁多，器械复杂多样，动作方式各有不同，因此很难有规范性的标准，其评价标准便是点到为止。

4. 行为层面的差异

西方传统体育项目多是工业化产物，规范化、制度化特点尤为突出，活动参与者的行为具有标准化的特点。比如球类运动，参与者之间相互配合是活动的重要因素，活动过程中的个人表现必须符合活动的最终目标，而这个目标又是所有活动参与者共同的目标。

东方传统体育活动相对个人化，除了摔跤等少数项目是双人活动外，其余项目多是个人活动，由于非标准化和非规范化要求，个人独特性、个人风格成为东方传统体育活动的行为特点。

西方的体育活动受到工业社会的紧张、压力和竞争因素的影响，其行为的对抗性明显；东方的体育活动则更加重视随意，其行为表现更加自由和自然。

二、人们的意识转变

当今社会，全球一体化的文化浪潮，波及了各个国家的传统文化，不同文化之间的碰撞，不可避免地会使一些传统文化淡出人们的视线，这是因为文化资源传播的主体是人，人的意识决定行为，当人的意识观念发生变化，他的行为也会随之发生变化。

体育无国界，西方体育文化项目自引入中国以来，娱乐性、刺激性、冒险性体育项目深受年轻人的喜爱。世界杯、奥林匹克运动会等大型体育项目的举行，更是激起无数人对西方体育的热爱。与其相比，中国传统民族体育项目便略逊一筹，虽然项目种类繁多，但是宣传力度不够，大多数人并不熟悉，自然也不会激起学习的热情。而形意拳等武术，通过电视屏幕上诸多动作片以及动作电影明星的宣传，激起了国内外武术爱好者的学习热情，这种良性环境带动了传统武术的蓬勃发展；在理论研究层面，查询中国知网数据库，以"传统武术"为关键词的文献囊括了服饰、器械、场地、传统武术文化、武术流派等全方位的研究；在演出参赛方面，大型的武术表演出现在国际舞台上，如国际太极拳运动大会，奥林匹克运动会也将太极拳纳入比赛项目中。

从传承人的角度来讲，现实环境不允许他们去传承和发展自己的技能，其一，有的传统体育文化内涵深奥，大多数现代人没有时间和精力静下心来去研究和欣赏；其二，有的传承人本身不愿意外传自己的独门技艺；其三，生活压力的重担，使得有些传承人不得不去通过其他途径赚钱谋生，无时间亦无精力去保护和传承自己的技能；其四，现代社会过多地追求经济利益，传统体育项目无法在短期内获得经济利润，即使有些传承人愿意保护传承自己的技能，但由于无法获得足够的经济利润来支撑日常经营，这种传承意识也被现实打压了。

从体育非遗的管理者角度来讲，对保护体育非遗的认识度不足，他们缺少主观能动性去积极地解决工作中出现的问题。

三、经济基础薄弱

体育非遗项目普查工作和调研工作的顺利开展，可以帮助相关部门清晰地掌握各体育非遗项目的生存现状和发展情况，切实了解我国非物质文化遗产的资源总量，有助于更进一步落实具体的保护和传承工作。普查、调研工作是一项庞大的繁重工作，2005年6月，全国第一次非物质文化遗产普查工作结果显示，详细完善的普查工作是体育非物质文化遗产保护工作顺利开展的基础。我国地域辽阔，人口众多，非物质文化遗产分布广泛，需要投入大量的人力、物力和财力，其中，充足的资金保障是前提条件。我国经济发展不平衡，西部的经济发展落后于东部，少数民族聚居区的经济发展也相对落后，加之各民族地区间存在语言交流障碍，容易造成普查调研工作的迟滞，数据结果也无法保证完整性和真实性。

体育非遗保护工作的开展缺乏人才资源。首先，研究体育非遗项目，需要能读懂古典文献的专业人才，古典文献是宝贵的文化资源，清晰明了地呈现了体育非遗项目的历史脉络和蕴藏的文化内涵，做好古典文献的查阅工作，才能做好体育非遗项目的基础研究工作；其次，少数民族的研究人员匮乏，体育非遗项目的研究者大多是汉族，我国少数民族众多，各少数民族有各自的语言，非本民族学者如果需要和传承人交流，一方面需要借助翻译，另一方面还需要查阅大量资料才能理解该少数民族的传统文化，研究工作的开展不如本民族学者具有优势；最后，目前研究体育非遗项目的学者各成一派，使得体育非遗项目出现很多重复性工作，不利于研究工作开展的渐进性和有序性。

第三节 传统体育非物质文化遗产传承所面临的任务

一、全球一体化的冲击

在全球化发展的今天，各国经济、科技、文化等在这一浪潮的影响下，彼此联系、互相交流沟通，已然跨越了地域的限制、民族的限制，世界各民族、国家之间的交流更加密切。

体育全球化是体育发展的必然趋势，在世界舞台上，现代体育和传统体育、西方体育和东方体育的功能特点、文化内涵、理念等都会被展现得淋漓尽致。现代体育以奥林匹克运动会为主，其宗旨是促进人的全面发展；传统体育受传统思想的影响，讲究的是人伦、礼仪；西方体育以竞技体育为主，强调"更快、更高、更强"；我国传统体育项目侧重于娱乐性、趣味性、教育性等价值。在全球体育文化体系中，维持差异性体育文化的固有结构才能使它们共同生存、和谐发展，从而突破传统体育的困境。

二、社会经济的变化

社会经济的快速发展，带动了社会经济结构的调整、经济体制的转型、产业机构的调整、价值体系的变动等。这种变化主要表现在我国城镇化发展加快，物质生活水平的提高，人们受教育程度普遍提高，价值理念发生变化，这对传统体育文化的传承造成了不同程度的影响。

城镇化的快速发展必然会打破传统体育项目生存的原生态环境，对依托于原生态环境的传统体育而言是有挑战性的。人们生活方式、生活条件、消费方式的转变，使其更愿意尝试带有时尚性、刺激性的现代体育项目。区域性经济发展的不平衡，对于受困于物质生活水平的传承人而言，解决生活温饱问题更重于传承技艺。商业化的发展，使得经营者更关注的是项目的经济价值，对传统项目的改造、大肆包装，可以带来巨大的经济效益，但是破坏了项目本身所包含的其他价值。

三、传承人主观能动性的发挥受限

传承人是非遗传承的主体、核心，在技艺传承上发挥着主导性作用；政府、社会组织等在非遗传承中起辅助性、支持性作用。

传承人的传承空间范围小，大多局限于家族、本族群内部，即使传承人愿意将其传承给更多的人，但是由于知名度不高等原因，愿意学习者也不多。传承人的主观能动性不高，没有积极的意识去将技艺传承下去，申遗成功的传承人，有些仅依靠政府的扶持而不去积极地开展活动，仅享受权利而未尽传承的义务，对于传承中存在的问题不作积极沟通，使得非遗传承工作只能停留在"施予式保护"上，得不到改进。

四、传统体育文化传播力度不足

体育是文化的一个重要组成部分，包含了体育物质文化和体育精神文化。任何一种体育运动得以世代传承，除了强身健体外，其所蕴含的精神文化也是能传承至今的重要因素。不同的民族在历史发展的长河中形成了丰富多彩的传统体育项目,汇聚地域文化、生活习惯、宗教信仰等具有本族特色的文化,以口传身授、语言文字类等方式一代代传承下去。

语言文字类的传播方式是最为传统的传播方式,常见的形式有诗词、歌赋、口诀。口诀通常出现在武术、养生类体育项目中,一是便于记忆,二是便于在训练过程中快速掌握动作要领。比如八段锦的口诀是"双手托天理三焦,左右开弓似射雕,调理脾胃单拳手,五老七伤往后瞧,摇头摆尾去心火,反手攀足固肾腰";五禽戏既有动作要点还有口诀,以起势调息为例,其动作要点为柔和、均匀、连贯,口诀为"调整呼吸神内敛,头身正直顺自然,胸腹放松膝微屈,诱导入静排杂念,提吸按呼沉肩肘,柔和均匀意绵绵,心静神凝气机动,神不外驰守丹田"。

诗词、歌赋主要是古代文人对传统体育项目精彩表演的描述,以赛龙舟表演为例,有描写比赛盛况场面的乐府诗歌,如唐朝诗人张建封的《竞渡歌》中云"鼓声三下红旗开,两龙跃出浮水来。棹影斡波飞万剑,鼓声劈浪鸣千雷。鼓声渐急标将近,两龙望标目如瞬。"

大众媒体传播媒介(如报纸、书籍等)使得信息更容易保存,其传播更加广泛,更加深远。现今网络通信发达,电脑、手机等电子媒体的出现,让信息传播不仅方便,还非常快捷。以奥林匹克运动会为例,每届奥运盛况都会有各国的媒体、电视台争相报道直播,还有与奥运会相关的纪录片、广告片等。排球、足球、乒乓球等耳熟能详的项目更是大家茶余饭后的热点话题。这种集中式的传播模式不仅使经营者获得了巨大的经济效益,还宣传了现代体育项目,而传统体育项目的运动会在学习此类宣传模式上尚有诸多不足,经营者难以从中获取理想的经济利益,故需要进一步研究措施,以改善这类传统体育项目的生存环境。

五、创新精神的提倡

"传承"在汉语词典中的解释是"传授和继承",可以理解为传授学问、技艺,继承前人创造的成果。传承包括技艺的传承、精神的传承。人的生存和发展需要传承,但又不能局限于传承,在继承前人优秀的成果中,要对其进行深刻的理解并进行创新,以适应时代的潮流,也符合社会发展的规律,有利于传承的稳定性和延续性。在全球体育文化一体化的今天,创新尤为重要。

第八章
传统体育非物质文化遗产产业化

第一节 体育产业概述

19世纪以后,人类社会又经历了第二次、第三次技术革命,都曾引起大规模的产业革命。尤其是当代新技术革命的影响更为深远,许多崭新的产业部门逐渐形成,改变着传统产业的结构,也使人们的产业观念再次发生根本性的变化。当代产业的含义已经从以生产物质资料为主要经济特征的物质生产部门扩展到生产和生活服务,并以信息、知识和精神为特征的一切生产行业。因此,从部门到行业,从生产到流通、服务以至文化教育、体育等都可称为产业。可见,现代产业概念的内涵,是社会经济发展在人们观念上的反映,是经历社会经济的不断发展而日益丰富和变化的。随着产业内涵的逐步扩展,体育也逐渐成为社会产业大家族中的重要成员,并对人类社会经济的发展产生着极为深刻的影响。体育产业在西方经济发达国家获得较快发展,并已成为一些国家的支柱产业。

一、体育产业的定义及分类

体育产业是指为满足人们健身健美、娱乐休闲和精神需要,从事体育劳务产品的生产和经营服务的体育部门、机构、社会团体、企业和其他法人的总称。体育产业产品是体育劳务,即体育从业人员通过服务劳动提供的与服务过程同生共灭,且能满足一定需求的非实物形态的商品。体育产品是一种特殊的商品,其功能主要是增强人民体质、振奋民族精神、促进交往、陶冶情操、锻炼意志、满足娱乐休闲的需要,实现个人的全面发展和社会文明进步,它的生产、交换、消费不仅服从一般的经济规律,还要遵循体育规律,如体育比赛、体育表演、运动训练、体育康复保健、体育咨询等。

体育产业的分类标准有很多,从体育劳务生产方式看,主要分为以下几类:

第一,企业经营管理型体育产业,亦称之为社会体育企业。这类产业主要是指由体育系统和社会团体、企业、个人兴办的以营利为目的,以休闲、娱乐体育项目为经营对象的产业部门,包括商业性体育竞赛表演、体育培训、体育设施经营、健身娱乐俱乐部、职业体育俱乐部等。这类体育产业完全商业化、市场化,以市场价值为取向,按照供求关系、价值规律运作。它所提供的体育劳务可在市场交换中转换为货币,所得收益不仅补偿投入而且可以实现赢利。经营主体追求利润最大化,以经济效益为中心,实行自负盈亏、自主经营、自我约束、自我发展的模式。体育行政部门主要依靠法律手段和产业政策进行管理和调控。

第二,半经营管理型体育产业。这类产业主要指由政府兴办或资助的带有公益性的体育服务,包括体育训练基地、体校、社会体育指导中心、体育场馆、体育院校、体育科研所、青少年活动中心等体育事业单位以及国家承办的重大国际比赛，包括全国和地区性综合运动会、部分项目的竞赛等体育活动。这类体育服务的经营目标是多重的，首要目标是满足国家和社会的体育需求，其次是实现本单位、本项目及体育事业的发展，然后是追求经济效益，减少消耗、增加收入，通过市场获得一定的补偿，增强自我发展能力。它与企业经营型的区别在于不是以营利为目的，经营收入不用于分红，而是补偿事业发展所需资金的不足，实行计划管理与市场调节相结合，市场机制只是部分起作用，不能完全市场化。体育行政部门通过产业政策与有关制度进行管理和调控。

第三，非经营管理型体育产业。这类产业主要指由政府、社会团体、企事业单位、学校和部队出资举办的体育培训、体育锻炼和竞赛等群众性体育活动，举办这类活动的目的是促进全体公民或在校学生、企事业单位职工的身心健康，提高精神文化素质，促进社会的文明进步。其经费投入是社会和企业提供必要的投入，并不需要通过活动本身获得收入来补偿，对于参加者来说是享受一种社会福利，尽管这类活动是非经营性，但它仍然是一种体育生产活动，是一种经济行为，以满足个体的发展需要来实现社会和企业长远的经济利益，其效益主要表现为间接效益，因此必须以社会化大生产的观念来研究其投入与产出的效益问题，这类产业主要通过立法与体育部门的分类指导来加以管理。

二、体育产业资源

体育作为社会文化的一个重要组成部分，无论是体育活动，还是体育生产，其主体均为人。在体育行为及体育活动出现、运行和发展的过程中，与资源的互动无处不在。人、空间、地点、地理环境、设施、技术等均是构成人类体育活动的基本要素和基本资源形式，而且人类在利用上述要素开展体育活动时又衍生出其他形式的资源，如技术理论、组织机构、制度规范、文化传统、道德法规、风俗习惯等，它们既是体育运动的衍生物，又会带来一定的经济效益、社会效益。体育产业的发展以资源作为基础，其发展中依赖、聚集和产生的众多资源为体育的发展提供了必要的支持和保证。体育产业资源不仅是发展竞技体育运动、群众体育运动等的基础，同时作为地区体育产业发展的重要依托，还可以成为地区经济发展的基础和条件。

体育产业资源指的是能影响体育产业发展，并能在参与体育产业发展中产生一定的社会效应、经济效应的物质和非物质形态的事物或现象。可以概括理解为，能够支持各体育产业部门进行业务活动开展所动用和产生的所有资源的总和，既包括物质形态的体育资源，也包括非物质形态的体育资源。这些资源是体育产业发展的重要支柱，它们是在大众体育、学校体育、竞技体育活动开展中实现产业职能的重要保障，它们支撑和推动着体育活动的发生和发展，是体育产业发展中各种社会效应、经济效应产生的载体和源泉。

体育产业资源具有以下特点。

1. 界限的模糊性

由于体育活动与环境之间存在宽广而友好的交互界面，体育资源与非体育资源间的界限常常是模糊的。它们可能在不同时期、不同条件以及不同需求状况下相互转化。变非体育资源为体育资源的现象在现实中屡见不鲜，大到自然界的山川湖海，小到课堂里的桌椅板凳，都可能由非体育资源转化为开展体育活动的重要资源。许多以往不被人们重视的知识、技术、权力等随着社会及体育的发展，也都会被更新、充实为体育资源。如空间、水面、无线电使用权等，会在一定的时期成为宝贵的体育资源。同时，当前或曾经的体育资源在未来也可能转化为非体育资源。

2. 存在的差异性

由于时代、国家以及地域的不同，或者由于社会经济、科学技术发达程度的差异，人们对体育的认识也有较大的差别，从而使得体育资源在不同的地域表现出很大的差异性。例如，一项体育技术在某地拥有一定的传统，是具有影响力和市场力的项目资源，它会被认为是该地区的宝贵体育资源；而对于不具有相关传统体育项目基础和市场的地区，就可能不是有用的体育资源。又如，某些特别的山峰、河流，在一些经济发达地区被认为是一份宝贵的体育资源，它们不仅可被用于体育旅游开发，也可成为当地体育活动开展中重要的天然硬件设施，但在经济比较落后的地区，却不能被认识，也无能力开发。

3. 量的有限与无限性

在一定的历史条件下，体育资源相对于人们的体育需求来说是有限的。如体育运动的开展需要众多物质和非物质要素作为载体，而这种物质和非物质载体的现实拥有是有限的。再如，竞技体育是向人类体能极限的挑战，体育成绩每一微小程度的提高，都意味着大量资源的投入，这其中包含了人力、物力、财力等资源的投入。相对于竞技体育成绩提高对资源的需求而言，各种资源的投入是有限的。我们也必须认识到，相对于现实体育需求的未来体育资源供给，无论是从种类还是从数量上都具有无限性的特点。随着人类社会的不断进步和发展，可供开发利用的体育资源也将不断发展，并且社会生活变迁和人们的智慧升级还将创造出更新、更多的体育资源。

4. 对体育产业资源需求的边缘性

由于体育具有闲暇活动的本质属性，人们对体育活动的需求并非生存需求，因此对体育资源的利用也不像生产、军事、科研领域里一样精打细算，有很大的开发余地。对体育资源需求及利用存在着高弹性，当然，由此也带来了更多的开发余地。

5. 对体育产业资源认识的发展性

随着社会、经济和科技的不断进步，可供发掘、开发和利用的体育资源也将获益丰富。如随着现代科技的发展和体育的进步，以及人类文明程度的不断提高，一些相关学科的科学理论和技术可以成为有用的体育理论和技术。另外，人们认识水平的提高、需求类型的改变都会对体育资源的认识产生影响，加之体育资源本身的发展和变化，也会使原先并不属于体育资源的资源类型纳入体育资源中。

6. 对体育产业资源拥有的不平衡性

由于自然禀赋及社会历史等原因，体育资源的原始拥有情况存在现实上的不平等性。在市场机制的作用下，体育资源的流向受到其流动弹性和价值规律的双重作用，会使资源的状况发生一定的改变，也易于形成流向那些出价最高而不一定是最需要的市场主体，从而增大体育资源在拥有量方面的社会不均衡性。

三、体育产业资源的分类

体育非物质文化遗产项目属于体育产业传统资源。此外，体育产业资源还有体育产业自然资源、体育产业人力资源、体育产业场馆设施资源、体育产业经费资源、体育产业财力资源、体育产业信息资源、体育产业组织资源等。对体育产业资源的范围及特性的认识，决定了体育产业资源开发利用的空间。

1. 体育产业自然资源

对以天然形成为主要特征的资源进行分类，包括受地质状态、地理环境、气候条件以及综合自然环境等多方面影响而形成的山峰、河湖、高原、海域、海浪、草原、冰场、雪场等都可成为体育产业自然资源。体育产业自然资源是自然天成的物质要素，为体育活动及体育现象提供了重要的物质载体。这类体育资源既是在区域范围内开展一些特殊体育项目（如登山、滑雪、冲浪、赛艇等项目）的必要条件，也是针对相关项目（体育旅游等）进行区域体育产业开发的重要物质载体和基础。自然资源不仅对竞技体育有较大的影响，同时充分发掘并利用各地自然环境资源，还可为群众体育、学校体育的开展提供广阔的空间。各个地区的居民利用当地自然资源开展了适合他们自己的体育运动，如草原牧民的马术运动、东北居民的冰雪项目等，除此之外，在学校体育的开展中，充分利用自然资源优势，弥补后天体育场地器材的匮乏，也是重要的发展趋势。随着人们认识的不断提高，利用自然资源开展以体育旅游、体育娱乐活动为主的体育活动并进行经营开发的体育产业逐渐兴起，这大大加强了人们对体育自然资源的利用。

2. 体育产业人力资源

体育产业人力资源主要是指从事体育产业活动的专业工作者和开展体育产业活动的辅助人员和各种参与者等，如体育活动指导员、运动员、教练员、科技人员、经营管理人员、社会体育指导员、体育爱好者等。以往对体育人力资源的认识，往往将其局限于体育专业工作者，忽视了社会群体及广大参与者的存在对体育发展的影响。因此，人力资源除了包括体育专业工作者外，还包括一般体育人及具有一定特长的体育爱好者等，各种体育参与者作为重要的体育人力资源，在体育产业发展中起着重要的作用。

3. 体育产业场馆设施资源

场馆资源是体育事业发展的重要物质保障，对其进行开发利用不仅是开展各种体育活动的关键因素，还是体育产业经营必不可少的物质载体。开展体育活动需要一定的空间，若要取得良好的练习效果，就需要一定的场地条件和设备器材。体育设施已经构成了现代社会特有的文明景观，不仅包括由国家、社会、集体或个人投资兴建的各种正式体育场馆和各种标准的体育设施，也包括在体育活动开展中发挥重要作用的各类非正式体育场馆、设施资源，如被用作临时健身器材的桌椅板凳，被用于代替正式足球场经常开展群众体育活动的空地、操场等。

4. 体育产业经费资源

体育产业经费资源是指体育产业发展必需的资金投入和产出，其形式多样，有财政拨款、上市募集股份、产业发展利润的资金再循环、群众自有资金、企业商业赞助以及由体育产业部门通过各种渠道产出等多种方式。当前体育产业的社会化趋势逐渐加强，体育产业正在由以政府为主的发展模式向政府与社会共同参与的方向转变。投资多元化与需求多样化的发展趋势决定了体育产业经费资源的规模和构成，应该说体育产业的发展不但需要大量资金，还可能创造出大量资金。

5. 体育产业信息资源

体育产业信息资源是人们从事体育产业实践的记录，它汇集了体育工作者以及社会科学和自然科学工作者探讨、认识和实践的成果，反映了一定时代、一定区域、一定社会条件下人们对体育产业的认识和实践水平现状，预示着未来体育产业的发展趋势和方向。体育产业信息资源包括健身信息、训练信息、俱乐部等体育产业实体的经营管理信息、政府宏观管理信息、市场信息、媒体信息等诸多方面。随着现代社会的不断发展，体育的价值日益提高，人们除了自身参加体育实践外，还会通过各种体育信息得到娱乐与享受、鼓励与教育。作为一种复杂的社会现象，体育涉及各种社会因素和自然因素，体育事业的发展、体育活动的开展也产生了大量的信息。

6. 体育产业传统资源

体育产业传统资源是指由于各种体育文化、体育行为习惯、传统体育项目、运动组织（如运动队、俱乐部等）或其他体育机构影响力等方面的特点，产生并形成的一种对体育产业活动发生、发展具有独特而持续影响力的体育社会资源。它包括体育民俗、民间体育活动、体育技术技巧、体育行为习惯等内容，是一种基于已有资源而衍生出的影响力资源，是一种无形资源。

7. 体育产业组织资源

体育资源的使用最终需要一定的体育组织机构，通过资源管理的种种形式进行。其中，体育组织的形态结构和运行机制直接决定着对体育资源的利用率和利用效果。如条块分割的体育组织形态会导致体育资源的分割，而网络化的社团组织意味着体育资源有较多的共享性。体育组织机构除了由于结构形态不同而产生的特殊组织资源外，在体育产业发展中，体育组织政策、体育组织文化和影响力以及体育组织中的各种制度规范，作为组织的软资源，为体育组织发挥最大效用做出了重大的贡献。

8. 竞技体育产业资源

竞技体育产业资源是以竞技体育运动为核心，为满足市场需求、发展需求而形成的体育产业资源类型，是一种综合性体育资源。它包含了各种能够满足竞技体育产业发展的因素和条件，如俱乐部经营管理人员、体育场馆设施、各种经费以及各类组织（运动队、俱乐部、管理机构等）。

9. 大众体育产业资源

大众体育产业资源是指在大众体育产业活动开展中，作用于其过程的各种人力、物力、财力、信息、传统及组织等方面资源的总和，是一种综合性体育资源。它是在实现大众体育产业推广中的各种资源投入,更是大众体育产业活动的产出物。

10. 学校体育产业资源

学校体育产业资源是在学校体育活动开展中,体育产业活动所利用和可供利用的各类条件和要素的总和,是一种综合性体育资源。体育作为学校教育的一个重要组成部分,它的实施需要各种物质要素和非物质要素的支持和配合,体育产业活动作为学校体育活动的一个方面也必然需要大量的资源投入。学校体育产业资源依赖于学校的整体办学条件,包括学校资源总量、学校的社会地位、学校对体育的投入及学校的产业化发展状况等。一般说来,规模较小和经济基础较薄弱的学校,其体育资源也比较匮乏,体育活动单一,体育产业容易被忽略。校领导对体育的重视程度也影响体育产业资源的开发程度和建设水平。

11. 体育项目产业资源

体育项目资源是围绕某一体育项目所涉及的各种资源内容的总和,是一种综合性体育资源,包括以该项目为中心的竞技体育资源、大众体育资源、学校体育资源、体育产业资源。体育项目产业资源是围绕某一项目的产业开发与运作所动用和可供使用的各类资源的总和,如足球项目资源包括足球场馆、器材、人力资源(教练员、运动员、裁判员、经营管理者、后备人才、爱好者等)、各种赛事活动、项目传统、技术理论、组织机构与经验、运动队及其影响力、足球运动的市场需求(足球培训、比赛)等,这些都是由于对足球项目需求的满足而形成的足球项目资源。其中,用于足球项目产业开发的资源内容或由足球项目产业开发所形成的资源内容,都属于该项目产业资源的范畴。

12. 区域体育产业资源

区域体育产业资源是以区域为基础,在某一地区范围内体育产业资源的整体，具有强烈的综合性。它包括了围绕各项目开展涉及的学校体育、大众体育、竞技体育、体育产业等方面的产业资源内容，其资源配置影响因素众多，具有复杂的特点。具体表现类型有城市体育产业资源、农村体育产业资源、西部体育产业资源等。

13. 潜在的体育产业资源

潜在的体育产业资源指可以实现体育产业未来发展的资源，它是相对于已开发或正在开发的体育产业资源而言，在当前尚未被认识或利用。这些体育资源本身是实际存在的，但由于社会发展的不同时期，人们的体育需求状况及认识水平不同，使该类资源尚未转化为当时确实的资产来源，所以不能被认为是现实的体育产业资源。

14. 已开发或正在开发的体育产业资源

相对于那些潜在的体育资源，这类体育资源是现实中能认识或利用的，是某一时期确实提供了的或正在提供使用的体育资源，更是为该时期体育产业发展创造价值、提供支持的各类体育资源。

15. 体育旅游资源

作为一种独特的体育活动形式，体育旅游具有高弹性、生产与消费同时进行的特性。根据这一特性，体育旅游资源是指围绕旅游地特点，能引发人们体育旅游动机的各种体育资源的总和。它不仅包括以实物形态存在的体育自然资源、体育场地设施资源，还包括体育传统、体育活动项目及内容、体育组织服务水平等软性资源。消费者通过参与、观赏等方式实现对资源的消费过程，是一种综合性体育资源，属于体育产业资源的一部分。

16. 体育赛事活动资源

体育赛事活动资源是指能够产生一定影响力的各类表演、比赛及相关活动在其发生和发展过程中，动用和可供利用的各类资源的总和。体育赛事、活动是体育作为社会文化现象的重要表现形式，它是各种体育资源综合发挥作用的产物,同时它本身作为影响和制约人们体育行为的一个重要因素,也会形成一种特殊的资源形式。作为各种体育资源共同作用形成的综合资源,受到包括各种相关运动竞赛制度、运动竞赛计划、运动项目的竞赛市场需求、运动竞赛组织水平、运动项目水平、参赛运动队水平以及社会政治、经济、文化等内外部条件在内的多种因素的影响和制约。体育赛事活动资源具体表现为赛事表演活动的项目水平及数量、赛事组织者经营管理能力、赛事及赛事组织者影响力等。体育赛事活动资源依据赛事活动特点的不同,包括了竞技体育赛事、大众体育赛事、学校体育赛事及以产业开发为目的而举办的赛事等。

17. 体育政策资源

体育政策资源是指政府所制定和实施的,对发展体育产业有利的各种政策法规等要素的总和,包括体育产业投资政策、市场准入政策、税收等各类政策。这些政策为体育产业的发展提供了保证条件,尤其是政府对发展体育产业的优惠政策,对促进和推动体育产业的发展起着积极的作用。

四、体育产业资源的合理化配置

体育产业资源在一定时期及一定条件下表现为相对于需求而言的稀缺,这种资源的有限性、稀缺性是进行体育产业资源配置的基础。活动中,人们如何在时间、空间及部门间合理地分配资源,如何使稀缺的体育产业资源得到最充分、有效和合理的使用,以最大限度地满足各种相关需求,就是我们所说的体育产业资源的合理化配置。

1. 体育产业资源配置的内容

体育资源具有稀缺性和多用途性,各种体育资源如何在体育活动中发挥作用是由资源的配置状况所决定。资源的最优配置包括时间上的最优配置（即动态优化）和空间或部门间的最优配置。体育产业资源配置决定了各种体育产业资源在体育产业活动中的时空分布和效用发挥。

从时间配置上看，不可更新资源的最优控制是追求在既定的需求水平下，对资源开发的整个开发期效益最大。而可更新资源的最优管理则主要侧重于对种群规模或资源存量的最优控制，其目标是整个开发周期的收益最大化。

资源的空间配置指的是资源在区域内、区域整体以及多区域间如何配置的问题。在进行某一空间范围的资源配置时，该空间的资源优势和区位效应是事先需要考虑的因素，资源空间配置所遵循的是比较利益原则。

就体育产业资源的供给方而言，体育产业资源配置解决的是在一定的需求条件下，应该由谁供给、供给多少、如何供给等问题。当然，这些问题的解决在任何社会条件下都离不开对供给与需求的认识。供给是由一定需求引发的，供给的实现也离不开需求，由需求的具体情况决定。

对于体育产业发展而言，产业资源的供给类型、供给量、供给水平以及对体育产业资源的需求状况共同决定了体育产业发展的规模和水平。如果供给不能够满足体育产业发展中对资源的需求，就会从客观上抑制体育产业的发展。当体育产业资源的供给出现过剩，则必然带来资源的浪费。另外，对于某一种体育产业资源本身而言，如何实现时间、空间及部门间的动态最优，如何实现多资源、多需求与多供给之间的均衡，更是对其进行管理、开发时必须解决的问题。

因此，不论是体育产业资源的供给方还是需求方，都存在着一个如何合理有效地利用体育产业资源的问题，而这一问题的解决是建立在供给与需求相适应状态下，体育产业资源在时空优化配置基础上的。

2. 体育产业资源配置方式

（1）以市场为需求的配置方式

以市场需求为主的配置方式主要是指体育产业资源的流向和配置完全由体育市场的实际竞争状况来确定。这是一种以市场需求和市场竞争为主导的资源配置方式。在这种方式下，人们的体育需求、体育市场的有效供给状况及由此决定的价值信号是调节体育产业资源流向的唯一因素。

作为一种产业活动，体育产业的发展以追求利益为目的是毋庸置疑的。但在完全市场化时，为了追求利益的最大化，市场行为势必使得稀缺的体育产业资源流向最有利可图的地方，但未必是最需要该种资源的地方。因此，在采用竞争等市场手段实现供给与需求满足的同时，更有可能由于纯粹的市场竞争导致体育产业资源利用不平等状况不断加剧。因此，面对具有社会公益性特点的体育事业，在相关的产业发展中，产业资源的配置应在保证经济效益的同时，注重避免由市场配置带来的社会效益的损失。

（2）以政府目标为中心的配置方式

以政府目标为主的配置方式主要是指体育产业资源的流向和配置完全由当地或体育产业资源的管理部门制定的政策来确定，不考虑市场状况及当地的资源状况。在这种方式下，政府意志成为资源配置的主导，且多使用行政计划的形式实现资源的调配，这一方式要想实现对资源的优化配置，其前提是政府部门在制定目标时充分认识其资源优势，并能够对市场规律及未来发展有科学、客观、正确的预测，即拥有完全信息和正确决策，在这种情况下才可能有适应资源需求与供给状况的资源配置方案。

事实上，由于体育产业系统是一个复杂的大系统，会受到多种因素的影响，并始终处于一个动态的发展变化过程中，完全信息状态是难以实现的，加之政府部门作为社会利益主体的一部分，其决策及目标的设立会受决策者的主观意愿的影响。因此，这种复杂的、具有主观性和多元化特点以政府目标为中心，通过完全计划配置方式进行体育产业资源的配置存在着弊端。

3. 以资源优势为中心的配置方式

以资源优势为主的配置方式主要是指体育产业资源的流向和配置完全由该地区体育资源拥有情况来确定，不考虑市场状况及政府意志，这是许多体育资源丰富地区经常采用的一种资源配置方式。它着重强调资源在产业发展中的中心地位，但比较忽视资源的市场需求及资源向产品转化的市场必要条件。资源优势所提供的充裕资源条件是资源配置的可能条件，但不是其必要条件，也就是说，从资源配置的最终目的的角度来考察，不考虑市场状况和地区发展目标的资源配置，最终可能由于市场需求的不足或其他政策因素，导致资源开发无法实现应有的效益。

4. 体育产业资源配置的合理化

体育资源配置是体育资源管理的重要内容之一，体育资源配置的合理化也是体育资源管理的重要目标之一。体育产业资源配置就是通过一定的方式将现有各种体育产业资源合理、有效地分配到各种体育产业部门，使之充分发挥作用，以实现最优效益的过程，但并非所有的配置行为都会产生好的效益。因此，选择合理的体育产业配置方式，保证资源配置的协调有序，是实现体育产业资源优化管理的重要途径。

（1）选择适合的资源配置方式

市场机制是极具效率的运行机制，在资源配置中能够根据价值规律、依据价格杠杆和竞争机制实现资源的配置。它强调的是资源利用的效率，主要依靠市场有效地聚集各种体育产业资源，并不断地将其调向效益最优的地方。但由于体育本身所具有的公益性特点，市场所具有的天然趋利性使之不可能照顾到除经济利益以外的其他效益。如高消费的娱乐体育产业比普通大众体育健身产业具有更强的吸引力，可聚集更丰富的体育产业资源。在这种情况下，需要政府实施干预和调节，以保证社会体育活动的良性发展。

政府行为作为市场的有力补充，其作用是不可替代的。在蕴藏着巨大商机的体育产业发展中，充分发挥政府的宏观调节作用，可有效实现效率优先，兼顾公平。事实上，市场机制与政府行为互相配合是许多国家在进行体育产业资源配置时经常使用的方法。当然，这里必须强调的是在进行体育产业资源配置时，除了要考虑市场机制及政府行为的作用外，更要考虑当地体育产业资源的现实拥有情况，即原有的资源实力，这是进行体育产业资源配置的重要基础要素之一。只有将市场机制、政府行为及资源优势有机地结合在一起进行整体考虑，才能实现合理、有效的体育产业资源配置。

（2）保证体育产业资源配置中供给与需求的协调适应

资源的配置总是与资源供给和需求紧密联系在一起的，而这种联系会随着社会发展的日益深入而不断加强。也就是说，随着体育产业的不断发展，体育产业资源配置会随着产业活动的不断丰富和复杂而越来越紧密地与各种资源供给、市场需求联系在一起。因为资源约束将成为产业发展中的致命障碍，而资源支持与保证可为产业腾飞增添羽翼。因此，在合理配置体育产业资源时，就要求人们客观认识供给与需求状况，一方面寻求新的供给渠道和供给源以有效地利用现有资源，另一方面培养和识别需求，提高资源向产品的转化可能，从而保证体育产业资源配置中供给与需求的协调适应。

五、体育产业资源的开发

体育产业资源的开发就是指通过适当的方式，把潜在的体育产业资源改造为可供利用的资源内容并得以实现，或有效发挥、改善和提高体育产业资源利用率的经济过程。它包括发掘出新的资源内容和深度发挥原有资源利用效率两个部分，但不论是哪一类型的开发，其实质都是尽可能地发现和利用各种资源，以实现更高的资源价值和产业发展的目的。

1. 体育产业资源开发的原则

体育产业资源的开发是一个涉及面广、内容复杂的科学的过程，不仅受到体育产业资源开发主体条件及开发目的的影响，还受到多种外部因素的影响，因此，为了获得最理想的社会效益和经济效益，在进行体育产业资源开发时必须遵循以下原则：

（1）充分利用现有资源，将资源优势转化为优势资源

所谓资源优势，是指资源的拥有情况具有一定的优势，如资源丰富、种类繁多等；而优势资源则是指某类具有市场需求且有从资源向产品转化能力的资源类型。在资源开发中，现有资源是资源开发的基础。虽然新资源的开发在体育产业资源开发中是一个重要的工作，但充分利用好现有资源仍是基础，因此要对充分利用好现有资源予以足够的重视。同时，对于现有资源中具有一定优势条件的资源类型，即优势资源，应着重予以重视。这部分资源是未来实现效益的重要条件，对其进行有效、合理的开发，努力实现该类资源从资源优势向优势资源的转化，是最终实现资源开发效益的根本。

（2）全面认识、综合开发，客观认识资源的流动弹性

体育产业资源的范畴广阔，边界模糊。因此，对它的开发应以全面认识为前提，即在进行开发时，首先能够确认开发对象的范围，即

外延的确定；其次就是对其开发方式及效果的深度挖掘，即内涵的开发，尽可能实现资源的各种综合效用。

另外，由于资源一般具有一定的流动弹性，但其流动弹性各不相同。如人力资源具有较高的流动弹性，而自然资源的流动弹性相对较低，稳定性较高。因此，在进行体育产业资源开发的过程中，必须能够客观认识各类体育产业资源的流动弹性特征，针对不同类型的不同特点，采取不同的开发方式。

(3) 突出重点目标、兼顾综合效益

体育作为我国社会文化的一个重要组成部分，具有社会公益性质，因此体育产业的发展也必然会表现为多效益的综合实现。体育产业资源的开发，通过资源开发活动满足人们在社会文化等方面的精神需求，实现一定的社会效益；同时，资源开发活动也是体育产业主体实现自身生存和发展的重要途径，通过一定经济效益的实现，为体育产业主体提供必要的经济保障和支持。应该说，社会效益和经济效益所构成综合效益的实现是体育产业活动良性发展的必备条件。

我们从事体育产业资源的开发应该针对体育产业的基本性质、基本特点，在开发中围绕不同资源的特点、功能，不同产业主体的特点及规律，确定合理的开发目标，既突出产业主体发展中的重点目标，保证其在主导利益实现下的生存，又兼顾资源开发中综合效益的实现，以确保资源开发活动，即产业主体产业活动的良性运转。

(4) 依照系统、动态原则，实现统一管理

体育产业资源的开发是一个复杂的过程，受到多种因素的共同影响，并且处于一个不断变化的过程中。它需要我们以系统观、动态观去审视和管理，需要具有计划性、针对性的统一管理。因此，体育产业资源的开发不能一拥而上，而应该在对体育产业资源整体状况了解的基础上，制定相应政策，以此实现有重点、分步骤的统一管理。同

时，根据对象发展过程的动态性，对体育产业资源开发的管理应建立在不断完善、不断改革创新的基础上。

(5) 考虑市场需求状况

体育产业资源开发的最终目的是为了实现资源的最大效益，为了最大限度地满足市场需求。在从资源向产品的转化中，市场需求决定了转化的量及范围。因此，在体育产业资源开发中，对需求的客观认识成为资源开发成功的前提。

(6) 可持续性发展

可持续发展的观点是人类发展中必须坚持的重要观点之一，在资源开发中这一观点尤为重要。它要求我们在资源开发时不仅着眼于现在，更重要的是要顾及和考虑未来可能的发展状况，不仅重视资源效益最大限度的实现，更重视有效节约资源，以便在满足当代体育产业发展需要的同时，不损害未来体育产业的发展。

2. 体育产业资源开发的方法

就体育产业资源的开发方式而言，一般可以分为外延开发和内涵开发两种。

(1) 外延开发

体育产业资源的外延开发就是指采用各种有效的手段，以增加体育产业资源的数量为主，实现对体育产业资源的充分利用。它既包括体育产业资源在原有类型基础数量上的扩张，又包括相对于原有资源类型在种类上的增加。当然，这种开发必须依赖于人们认识水平、技术水平的提高。例如，西部少数民族地区具有悠久的历史和文化传统，各地区体育产业开发的基础和特点不同。因此，除了传统认识的资源条件外，各地依托自身的发展状况及体育文化传统情况所形成的各具特色的体育产业资源，就可成为当地体育产业发展中的特色体育资源。这种资源原本并非体育产业资源，而是随着人们认识水平的提高发现对它的开发可确实增强和充实体育产业的发展力量,如青藏高原的许多著名雪山,原本仅仅是自然资源,随着当地体育产业的不断发展和登山运动的产业化发展,将其纳入体育产业资源的范畴,则成为当地重要的体育产业资源。

(2) 内涵开发

体育产业资源的内涵开发,实质上是指通过实施新的手段、方法、技术,对现有各种体育产业资源进行深度挖掘或有机协调,使之利用效率有效提高的开发方式。一般来说,随着科学技术手段的不断提高,人们对原有资源的利用水平和利用深度可能产生一定的变化。如对于某一体育场馆而言,随着管理方式的变革、管理手段的不断科学化,人们可用综合开发、立体开发的方式,代替以往的简单开发,从而实现更大的效益目标。从某种程度上说,这种开发方式更具有积极意义,是建立在现有基础上的深度挖掘,是有效利用资源最基本的表现形式。

另外,从体育产业资源开发过程的特点来看,还可将体育产业资源的开发分为顺向开发和逆向开发两种。其中,顺向开发着眼于资源的拥有情况,依据资源产品—产品—市场的方式进行开发;而逆向开发则相反,采取市场—产品—资源的方式进行开发。前者属于资源导向型开发,容易造成盲目发挥优势,对于资源拥有情况相近的地区,容易造成开发方式的雷同;而后者属于市场导向型开发,受到市场发育程度、市场拓展能力等方面的制约。同时,由于其他因素导致的竞争力不强,会使其开发处于不利地位。

第二节 少数民族传统体育产业

少数民族传统体育产业处于初级阶段,尚未形成一个有效的产业体系,推动当地经济发展,既要将体育产业与其他相关产业相融合,又要满足可持续发展的要求,还要符合保护和传承发展传统体育非物质文化遗产的要求。

少数民族传统体育产业是一种新型的体育产业,融合了传统体育项目、传统体育文化和旅游产业,并非单纯的发展当地民族经济及其旅游业,游客不仅仅是旅游,还能参与到传统体育活动中,在感受其中乐趣的同时了解传统体育文化,既宣传了传统体育文化,也传承和发展了民族传统体育项目。

一、少数民族传统体育产业的特点

1. 时代性和创新性

随着物质生活水平的提高、闲暇时间的增多,近几年旅游业得到大力发展,加之全民健身的大力倡导,体育旅游业发展如火如荼。民族传统体育旅游业正是迎合时代发展的产物,具有时代性的特点。

传统体育项目种类众多,可以满足不同年龄段、不同性格特点的游客需求。比如摔跤、扳手劲,属于较力型传统体育活动,但凡愿意比试力量的游客,均可以参与其中。对于个性化旅游需求的游客而言,少数民族传统体育旅游正好满足了其需要,这是其他旅游业提供不了的,这体现了该产业的创新性特点。

2. 体验性强

传统旅游业可以观赏当地的自然景观,也可以感受当地的风土人情,这些旅游体验根据游客对其了解程度而不同,导游在传统旅游业中发挥了重要的作用。

少数民族传统体育旅游在欣赏自然景观、风土人情的基础上,增加了参与性,使得游客的切身体验性更好,既能锻炼身体素质,还能获得心理满足。由于民族传统体育项目众多,即使同一种项目,玩法也不相同,能为游客获得持续性的新鲜感。

3. 生态旅游

为了追求短期经济效益,盲目开发当地自然资源和城市资源,使得很多旅游景点千篇一律,带有浓厚的商业化气息,往日风貌已不复存在,这是开发过程中没有遵循人与自然和谐发展的原则。部分少数民族所在的环境并未过度开发,依然保留了过去的风貌,政府大力提倡环境保护,使得少数民族的生态环境得以保存,在发展旅游的过程中要大力宣传保护生态环境的意识。

4. 蕴含少数民族传统文化

少数民族传统体育项目是少数民族人民在长期的生产生活中产生的,体现了本民族特色,蕴含了本民族的文化。少数民族文化是少数民族传统体育的源泉,保护和传承少数民族传统体育项目,也是保护少数民族文化。发展少数民族传统体育旅游,也是在保护少数民族传统文化。

二、少数民族传统体育产业的发展之路

1. 制订合理的规划

作为第三产业的体育产业之所以能够推动经济增长,是因为我们正处于消费结构转变的时期,即物质消费需求相对降低,服务性消费需求增长,这与我国经济发展加快和人们物质生活水平提高是分不开的。少数民族地区的经济发展相对落后,物质消费的需求远高于服务性消费的需求,如何使第三产业成为主导产业,需要制订一个合理的规划,从短期规划、中期规划到长期规划,中期规划需要根据短期规划的结果重新修改,以做到理论联系实际,具体问题具体分析,推动体育产业在少数民族地区的发展。

2. 加快体育相关市场的发展

体育产业的发展不可能一蹴而就,最大化地利用当前社会的发展热点来促进少数民族地区体育产业的发展。比如体育消费市场、体育旅游市场、体育表演市场、体育用品市场的发展。全民健身的热潮无疑带动了体育相关产业的大力发展,如何开发少数民族传统体育项目,使其在体育相关市场上占有一席之地,这需要所有人共同努力探寻。

第九章
传统体育非物质文化遗产保护与传承的路径

第一节 传统体育非物质文化遗产保护的路径

保护体育非物质文化遗产是为了对历史负责，是维护国家文化安全的需要，是全球现代化迅速发展下的必然选择。所谓保护，就是在兼顾各方面的情况下，采取相关措施，保证非物质文化遗产的生命力，即《保护非特质文化遗产公约》中提到的"对非物质文化遗产全方位的确认、建档、研究、保存、宣传、弘扬、传承和振兴"。

一、文化生态环境保护

文化生态环境是众多传统体育非遗项目生存的土壤。所谓文化生态环境是指没有被现代工业社会改造过的文化环境，其中技艺没有被流行文化改造过，也没有商业化，其未经外界因素影响的文化遗产依然保留传统的民间风味。这种原生态的文化环境下的传统体育项目，保留了传统体育文化的记忆，是民族文化的积淀，有其特殊的文化价值，是研究非遗项目的活化石。

破坏这种生态环境等同于破坏了传统体育项目立足的文化土壤，犹如"无根之木，无水之鱼"，民族文化真实性若被破坏，则不利于传统体育非遗的保护。

2012年，贵州省出台了《贵州省非物质文化遗产保护条例》，其中第五章针对文化生态保护区的范围、所应采取的措施给予了相关规定。

二、传承人式保护

传承人是非遗项目的活的载体，保护传承人就是在保护非遗项目。"尊重民间传承人"是美国史密森尼民俗节的原则之一。

传承人的物质生活水平、生存环境、自身的保护传承技艺的意识等都会影响技艺的传承。对于生活水平低、生存环境差的地区，政府的资金补助可以帮助他们度过经济困难，使其有能力将技艺传承下去。

对于一些高难度、技巧性极强的非遗项目，对传承人的学习领悟能力要求极高，因此，培养优秀的传承人对于保护非遗项目显得尤为重要。

三、博物馆式保护

博物馆式保护可以作为一种宣传教育手段，具有教育功能。史密森尼学会成立于19世纪40年代，是目前全球最大的博物馆，其宗旨在于促进对民俗文化的理解和可持续发展。史密森尼民俗节吸引了来自世界各地具有文化特色的传承人展示其技艺绝学，还有他们所代表的地区的物质民俗、民族传统文化、饮食文化、传统农业、民间故事、传统音乐、传统舞蹈等民俗项目，正如博物馆的陈列品一样，但不同的是，它陈列的是活的、动态的艺术。理查德·库林（Richard Kurin）曾作为史密森尼学会民俗生活与文化遗产中心的主任说过："史密森尼民俗节就是一个展现不同民族的文化成就的节会，而这些成就未被列在博物馆中。"活动结束后的50周内，会有专门人员对这些民俗项目组织建档，以做好相应的资料学建设工作。这些专门人员有学生、学者以及民俗爱好者，他们经过相应的培训以便能够胜任这份工作。

四、建立传统体育非遗信息系统

传统体育非遗信息系统是一个基于现代化科学技术的数字资源库。所有存档资料不是纸质资料，而是数字化资料，包括通过扫描仪获取的电子书，通过照相机拍摄获取的图片，通过摄像机获取的视频资料，通过动作捕捉技术、照片无缝缝合技术等避免数据失真。数字化资料还可以用于展示，比如VR技术能够实现人机交互，增加了用户的感官体验。该传统体育非遗信息系统的建立，有助于更好地保护非遗资料。

第二节　传统体育非物质文化遗产传承的路径

一、教育传承

自古以来，不同的传统体育项目，其传承路径也是不同的，有家族传承，也有开馆授业传承，比如杨式太极拳广收门徒，其弟子学成回乡后，结合切身领悟，创作出一套以此为基础的太极拳，最著名的有吴式太极拳。因此，在传承路径上，我们既应该有家庭教育传承、开馆授业教育传承，还可以进行学校教育传承。

家庭教育是我们最先接受的教育，父母、长辈的谆谆教导、行为表现，影响着晚辈们的行为习惯，很多传统体育项目的传承，最先是家族成员的传承，家族中有超强的文化氛围，有长辈的指导，能了解家族传承的技能所蕴含的文化意义，正是如此，最容易激发他们将其传承下去的动力。因此，家庭教育传承是传统体育非遗传承的重要路径之一。

开馆授业传承不局限于家族、血缘传承，只要是爱好者皆可加入其中，使传承更加长远、更加广泛。随着时代的发展，西方传统体育项目的引进，柔道俱乐部、跆拳道俱乐部等在中国各大城市遍地开花，吸引了广大爱好者的加入，传统体育项目可以借鉴西方俱乐部的经验，来发展本国的传统体育非遗项目。

学校教育传承是一种更加规范化、科学化、普及化的传承路径。学校开设有单独的体育课程，传承体育文化可以通过授课方式讲解给学生，然后通过体育活动课去实践，使学生们不仅能学习到技能，还能够理解该技能背后的文化，对于传统体育非遗的传承起着积极的作用。

师徒传承与家族传承有着极为相似的地方，即确立一种类似血缘关系的关系。民间有句俗语，"一日为师，终身为父"。师徒关系如同家族中长辈与晚辈的亲人关系，彼此之间依靠这种关系来维系一个家族的传承与发展。建立师徒关系，如同亲人关系，既有了责任也有了义务。师傅会将自身的技艺传授给徒弟，徒弟会认真研习技艺并将其发扬光大，徒弟要向对待父母一样孝敬师傅。在众多的民族传统体育项目中，许多项目的传承方式属于师徒传承，比如传统武术、太极拳等。

二、民俗节日传承

体育非物质文化遗产是各族人民世代相承的传统体育文化,表现形式源于民间,源于群众,蕴含了民族特有的人文风情、精神面貌和民族气质。各国都建有自己的国家民俗学会,针对本国民俗进行相关研究。

"Folklore"一词最早是由英国古物学家威廉·汤姆斯(William Thoms)创造的,是 folk 和 lore 的合称;周作人将其翻译为"民俗"并一直沿用至今。20 世纪初,瑞典人类学家西格尔德·艾尔克森(Sigurd Erixon)认为"Folklore"反映的是人民的生活,而不是知识,就将其改为"Folklife"(民众生活)。影响深远的国际民间艺术节之一当属"Smithsonian Folklife Festival"(史密森尼民俗节),其主要宣传各民族的民众生活及其文化遗产,在《史密森尼民间文化艺术节:民有、民选、民享的文化》一书中提到,"介绍非舞台上的、地道的艺术,这些艺术不会在大众媒体上、旅游时看到",可见其创办者们强调他们注重的是民间艺术的原生态,而不是经过改造的民间艺术。

民俗节日是我国国家级非遗项目名录分类中的第十类,收录了来自民间的服饰、民俗传统节日、祭典等。它是诸多传统体育非遗项目的媒介,传统体育非遗项目需要依托于民俗节日举办的活动。例如,每逢端午节,各地都会举行形式多样的赛龙舟活动;各民族还有本族传承下来的传统节日,苗族的苗年会上会举办芦笙舞、木鼓舞等传统体育项目,苗族姊妹节上会有斗牛、斗鸡等活动表演。

宣传发展民族传统节日,向大众展示传统体育项目,使人们在观赏表演的同时,深刻了解该技艺本身所蕴含的民间文化。

三、民间赛事传承

体育赛事是体育活动的表现之一，体现了体育的竞技性、观赏性和娱乐性的特点。通过体育赛事，将体育项目的独特魅力展现给大众，使更多的人了解它、热爱它、学习它，也是传承路径的一个重要途径。

纵观国际上规模大、影响力深远的赛事，比如奥林匹克运动会。它源于古希腊，鼓励人们积极参加体育运动，促进人的全面发展，历经几千年的发展，虽有曲折但未衰败，已经成为世界上影响广泛的大型体育赛事之一。《奥林匹克宪章》中鼓励更多的人参与体育活动，体育比赛体现的是友谊、团结和公平竞争，希望大家共同努力来建设一个美好的世界。

对于民族传统体育活动，完全可以借鉴奥林匹克运动会的经验，来传承传统体育非遗项目。我国的传统体育项目活动不能算是体育赛事，可以称为民间赛事，体育经济学对体育赛事做出的定义是"提供竞赛产品和相关服务产品的特殊事件"。

我国民族传统体育活动项目种类众多，类型多样。例如：传统武术诞生于军事活动，随着武术门派分类增多，产生了武术比赛、擂台比赛等，这类竞技性比赛不只是竞赛者们之间的较量，也是武术门派之间的较量；有些民族传统体育活动项目重于祛病健身，比如五禽戏、八段锦；其他的民族传统体育活动更多体现的是观赏性和娱乐性，有些项目依托于传统节日，以活跃节日气氛为主。这些项目丰富了人们的文化生活。由此可知，民族传统体育项目大体可以分为比赛类、养生类、表演类。无论哪一种类型，都可以举办相应的民间赛事，比如少数民族传统体育运动会。

少数民族传统体育运动会展现的是各少数民族的传统体育项目，

体现了各少数民族人民所特有的民族精神，增进了各民族之间的交流。第一届少数民族传统体育运动会是在1953年由国家民委和国家体委主办，比赛项目既有竞技类项目，如摔跤、举重等，也有表演类项目，如武术、马术等。之后每四年会举办一次运动会，参与的少数民族及人数逐年增多，同时还邀请来自港澳台的同胞参赛和观摩，每年的参赛规模和参赛项目都超过了上一届。每届举办地也不同，截至2019年，已经分别在天津、内蒙古、新疆、广西、云南、北京、宁夏、广东、贵州、郑州举办了11届民族传统体育运动会。参赛民族逐年增多，从首届的13个发展到了第11届的20个；参赛运动员从首届的395位发展到了第11届的3000余位；竞赛类项目从首届的5个发展到了第11届的17个。由上可知，少数民族传统体育运动会不断发展繁荣，影响也在不断扩大。

还有针对某个项目的运动会。国际太极拳运动大会是国际性的体育赛事，自1991年第一届起，至今已经举办了13届。它的前身是"中国·永年国际太极拳联谊会"，2008年更名，旨在推动太极拳在全世界的传承和发展，促进国际交流。世界龙舟锦标赛是来自世界24个国家的运动员参与的国际级别的锦标赛。

此外，将传统体育非遗产业化，即将其从传承人的绝技中发掘出来并通过产业化的方式步入市场。例如赛龙舟、舞龙等传统体育项目依托于传统节日而传承和发展，在举办节日庆典的同时，将这些传统体育项目所用的器材、服饰等制作成工艺品推入市场，发展经济的同时，也发展了该传统体育项目。

第十章
传统体育非物质文化遗产的发展策略

第一节 非物质文化遗产保护的一般原则

一、整体性原则

非遗的保护不能脱离自身的生存环境、文化背景独立于民众生活习俗之外而孤立存在。非遗体现的是该民族的文化价值观，寄托了民族情感和民族精神，脱离了民族传统文化的保护，正如脱离生命之源的保护，是毫无意义的保护。

非遗是活的文化，不是静态的存在，与有形文化遗产是不同的存在方式，看待非遗，既要从空间角度来看，又要从时间角度来看，它是一代代人口传身授的文化遗产，随着时代的发展而发展，是不能脱离传承人而独立存在的活的内容。从整体角度来讲，保护非遗要将空间和时间维度联系起来共同对待。

非遗的保护不是某个团体、某个政府的行为，是一项需要全民参与的长期的系统工程。因此,非遗的保护要有整体的发展规划和发展目标,整合各方利益得失,力求所用的人力、财力和物力达到最优化,为保护非遗营造一个和谐的整体环境。

诸多传统体育非遗项目是不同民族群体所共有的,比如赛龙舟活动,苗族、傣族等少数民族都有该项活动且各有特色。因此,在保护这些传统体育非遗项目时,不能割裂文化共享而单独保护某个族群,这会影响民族交流和民族团结,损害共有项目族群的权益。

二、可持续性原则

保护非遗项目是一项长期的、持续的、代代相传的大工程,不是某个特定时代的任务,因此,我们应当寻求一条可持续性保护非遗项目的道路。在2006年出台的《国家级非物质文化遗产保护与管理暂行办法》中第三条明确规定非遗保护方针之一为"传承发展"。一方面,事物发展的客观规律告诉我们,事物的发展都有一定的过程,分为几个阶段,是连续性和间断性的统一。非遗项目本身发展的速度加快,能力增强,是可持续性发展的一个重要特征。可持续性发展的另一个重要特征是顺应时代的发展,在传承的基础上创新,之所以保护非遗项目,是因为传统非遗不适应现代社会发展环境而导致濒危甚至灭绝,我们需要给予适当引导,使得传统体育非遗突破自身发展的限制,重新适应现代社会环境从而得以生存、发展和创新。

三、真实性原则

保护非遗就是要保护它的完整性、真实性,即原生的、本来的面貌,包括非遗项目的所有历史文化信息。与有形遗产不同的是,非遗属于无形遗产,是一种民间的活的文化,存在于整个民族文化中,利用经济手段或政治手段去保护外在形式，这种保护只是静态的保护，非遗的文化灵魂没有得到保护。

四、保护、利用并举原则

"保护为主、抢救第一"是多数国家非遗保护的原则之一，保护非遗的措施通常是在人力、财力和物力上给予相应支持。事实证明，只有顺应市场的发展，使非遗的社会价值展现出来，保护非遗所需要的费用支持才能得以顺利解决，才会有更多的人愿意去学习这些技能，非遗才能传承下去，这些技能进入市场后，必然会以产业化的形式经营下去，经营者获得回报的同时，弘扬了本民族的传统体育文化以及它所体现的民族精神。

五、以人为本原则

非遗的特点是非物质性，是代代人口传身授传承下来的，传承人通过口述、表演等形式将这种技能保护下来。因此，保护非遗的重点就是要保护这些传承人，使他们能够将自己的技能传承下去，各界人士应采取积极措施推动他们主动积极地招徒授业。

六、保护文化多样性

民族具有多样性，其所创作的文化也各不相同，这与各民族的生存环境、生产生活方式等息息相关。正是因为这种多样性，才丰富了各民族文化，培养了各民族的个性，为各民族的文化交流、文化创新提供了源泉，也才有了如此丰富多彩的传统体育项目。民族文化的多样性有利于增进民族凝聚力，加深民族团结和情感，保护民族文化多样性，对于各民族团结、增强民族凝聚力起着非常重要的作用。

七、精品保护原则

保护传统体育非遗中的精品项目,就是在保护民族文化的精华,这些项目通常具有很高的历史价值、艺术价值、科学价值和纪念价值。《保护世界文化和自然遗产公约》中规定列入《世界遗产名录》中的代表性项目应该符合的标准包括:代表独特的艺术成就、代表天才杰作、为已经消逝的文化传统提供特殊的见证、能够展示出人类历史上的某个重要阶段、代表某种文化等。我国的非遗项目名录也是遵循了这个原则,将非遗项目分为了国家级、省级、市级、县级四个等级,按照级别采取相应措施进行非遗保护。

八、优先保护原则

"抢救第一"是很多国家保护濒危非遗的共识之一,这种濒危遗产资源一旦消失,将不可再生。优先保护原则可以集中各项现有资源,及时、有效地抢救保护濒危性传统体育遗产项目。传统体育非遗是"活"的文化,传承人是其载体,中国本原文化学创始人靳之林先生说过,"非遗的抢救保护工作的重点是关于人的抢救保护"。例如,年迈传承人的技艺若后继无人,就会随着传承人的逝去而永久消失,这种情况则需要采取优先保护原则,通过临时指定的方式将其记录并传承下去。

九、多方参与的原则

非遗保护需要来自政府、社会团体、各界人士等共同广泛地参与,但是他们并非传承非遗的主体,在传承过程中起的是辅助性作用,即参与但不干预。非遗来自民间文化,传承人来自民间,因此传承人才是非遗传承的主体,其他成员则是利用自身的职能特色去推动非遗的自主传承。例如，政府可建立完善的法律体系、组织管理体系来为非遗保护提供法律保障、政策指导；学术界则通过研究非遗项目，从理论层面上研究其价值所在；媒体界的作用重点在于宣传非遗保护，使更多的人了解非遗保护工作，鼓励大家积极地加入非遗保护工作的行列。

十、活态保护原则

物质文化遗产属于有形遗产，看得见、摸得着，而非遗属于无形遗产，是人的传承，是"活"的文化，其存在依托于一定的自然地理环境、人文环境等，脱离这些因素是无法单独存在的，因此保护非遗不仅要保护技艺技能本身，还要保护其存在的原生态环境。文化生态保护区的建设属于专项的保护规划，用以对非遗项目所属地区的自然生态环境予以保护，属于整体性保护，这也是迎合国家非遗法第二十六条的规定。以贵州为例，目前已有的生态博物馆有花溪镇山布依族生态博物馆、黎平县唐安侗族生态博物馆，文化生态保护区有黎平肇兴侗族文化生态保护区、黔东南民族文化生态保护实验区等。

第二节 走数字信息化的发展道路

一、数字化保存的意义

数字化技术具有储存灵活、传播速度快、数据量大的特点，数字化的传播方式是网络传播，运用云计算、大数据等手段可以处理大量的数据。数字化技术是保护非遗项目有效的、科学的模式之一。

1. 信息传播速度快

随着信息技术的发展，互联网等现代传媒手段使得信息传播更加快捷、便利,远远超过了传统媒体的传播速度。借助现代传媒对非遗文化的传播,使得许多即将濒临灭绝的传统体育项目再次活跃起来。以威远镇"二月二"擂台庙会为例,它是互助土族自治县的传统节日,每逢二月二土族人便会举行庙会,庙会设有分会场,雷祖会场上会摆道场、献祭品、诵经祈祷,武擂台会场主要有比武、舞龙舞狮等表演,文擂台会场则有唱戏、花儿会,赛马会场顾名思义就是赛马,此外还进行土特产品交易的物资交易会,它已经被青海省列入非遗名录(编号:省Ⅲ-Ⅹ-8)。

现代媒体传播速度的快速有效远远超过了传统媒体的速度及质量,吸引了大批外来游客的参观及学者们的研究,有些默默无闻的项目经媒体宣传之后一跃成为知名度很高的活动项目,带动了当地旅游业的发展,避免出现传承断层,保证了项目发展的可持续性。

2. 有利于资料的保存完善

我国民族众多,分布广泛,许多少数民族传统体育项目受技术、时间等因素的限制,使有效保护文书资料较为困难。虽然有学术人员不断挖掘资源并整理成册,但是并非各个地区都设立了专门集中保管的单位,即使有些地区设立了该单位,但是因保存条件、自然灾害、管理不当等因素的影响,仍然会对信息资源造成不同程度的破坏。

数字化技术是处理和保存文书资料的技术之一,可避免这些破坏情况的发生。同时,它可以处理大量的数据信息,将庞大杂乱的、毫无头绪的信息资源梳理出来,对于学者们进行学术研究具有非常大的帮助。

建立传统体育非遗项目的数字化资料库,将已收集的资料做归类并建立档案,这种保存方式也便于资源共享。美国国会图书馆作为全世界最大的图书馆之一,会不断收集来自世界各地的书目信息,在信息数据化时代的今天,其网站上已有数万件电子藏品可供网友浏览阅读。

3. 提高信息资源的利用率

数字化资料库的建立，可以使更多的网民接触到优秀的文化信息资源，满足广大人民群众对于精神文化的需求。2002年，全国文化信息资源共享工程由文化部、财政部共同组织并实施，其目的是共建、整合、共享文化信息资源。非遗是人类宝贵的优秀文化遗产，应将这些优秀的资源运用数字化处理技术建立起非遗数据库。

网络信息平台不仅能用于保护资源，还有利于学术研究，提高信息传播速度，从而促进非遗的传承、发展和创新。

4. 一种新型的文化传播模式

数字化技术是科技发达衍生出来的新型技术，是为适应现代化发展应运而生的技术，优于传统的纸质保护。数字化的优势在于为全世界的人们提供了一个更好理解本国文化、他国文化的途径，实现了资源共享。人们既不需要为获得的资源耗费很多的经济成本，还能随时随地获得想要的资源，既适合自身研究的需要，也适合不同民族文化之间的互相交流。由此可知，这种新型的传播模式不受地域、文字的限制。无论任何语种的文化信息资源，有了数字化技术，就可以将其转变为易懂易读的实用性资源，从这个角度来讲，该种模式还有教育指导的作用。

5. 促进体育产业的发展

传统体育非遗的保护、传承和发展都不是独立的个体，而是相互依存的，既没有单纯的保护模式，也没有单纯的传承模式。要想更好地保护非遗项目，就要适应现代化的发展，结合现代化的手段，利用现代化的技术，帮助提升保护价值，将非遗项目与民众体验相结合，将保护与经济发展相结合，同时开发与非遗项目相关的旅游产业、数字动漫产业、服装产业等，带动当地经济的发展。

二、数字化的保护方式

1. 数字采集技术

数字采集技术有摄影录像技术、3D 扫描技术、动作捕捉技术、计算机图像处理技术、照片无缝缝合技术、高精度数字摄影技术等。摄影录像技术是最早的数字采集技术,可以对文档资料以数字化的形式进行记录、储存,缺点是数据失真、图像变色、保存时间无法得到保障。其他数字化技术弥补了这些缺点,使数字化记录、储存资料的效果不断得到改善。通过数字化保存的传统体育非遗资料,方便用户随时随地进行访问。

2. 非遗数字图书馆的建立

非遗数字图书馆是运用数字化技术将非遗信息的各种资料进行挖掘、存储、分类、归档,组成一个非遗数据库,该数据库是以网络形式存在的虚拟形式的图书馆。用户通过网络访问图书馆,通过输入关键词的形式检索所需要的资料,所获得的资料也是电子形式的资料。非遗数字图书馆的建设,除了用到数字采集技术,还用到检索技术、元数据技术、人工智能技术、虚拟现实技术等。

文字记载只能通过书面文字的形式,尽管现代印刷技术使得图像色彩更加鲜明,但是视觉功能远不如数字化技术,现今人工智能的发展,通过技术模拟现实世界,给人以感官上的享受。我国民族众多,每个民族的传统体育项目、风俗人情、衣着服饰等都是紧密联系在一起的有机整体,数码色彩技术能够保留这些颜色,用户在访问民族传统体育非遗资料时,从视觉、听觉上能够达到身临其境般的享受,这是传统文字记载所无法比拟的。

此外,数字图书馆较传统图书馆在获取资料上更加方便、快捷,用户只要通过网络便可随时随地获得所需的资料。全球一体化的今天，通过网络能够第一时间获得最新的前沿信息，这种便利性是传统图书馆无法企及的。

第三节　建立多元化的传统体育援助体系

传统体育援助是为受助人群提供人力、物力、财力等所需要的各种资源。多元化渠道是相对于仅提供财力援助而言，单一化的渠道无法解决传统体育发展的困难，难以促进传统体育事业的发展和推进当地经济的发展。

一、以优带贫

我国幅员辽阔，各地区的政治、经济、文化等发展不平衡，各种人力、物力、财力等资源的分布差异性相对较大，也必然会出现硬件设施、软件设施之间的不平衡状态。经济基础较好的地区不仅财力资源良好，而且拥有较为雄厚的师资力量、先进技术和现代化思维方式，体育氛围也较贫困地区更加浓厚，这些地区的体育基础设施相对完善、体育活动组织多样、居民用于体育运动的时间、费用较多。因此，利用边际效应，经济基础好的地区带动周边贫困的地区，更能实现精准扶贫。以四川省为例，其境内的地方传统体育项目分类繁多，四川省创办了非遗文化节，节日期间来自国内外的民族展现各自的传统项目。自创办以来，每年参加非遗文化节的人数逐年增多，成为一个旅游热点，不仅扩大了对非遗的宣传力度，也带动了当地的体育旅游业发展，游人愿意去少数民族地区参加他们的节日活动，观看传统项目表演。

二、保护生态环境的传统体育援助

民族传统体育项目体现了各民族所在的自然环境、所使用的生产方式、所信奉的宗教文化、所拥有的人文情感等。在传统体育非遗项目的保护和发展的过程中，有些地区为了获得短期的经济效益，盲目地破坏了自然资源，使得传统体育项目失去了原有的色彩。因此，保护我们赖以生存的自然环境、人文环境，也是在保护民族传统体育项目。生态环境是民族传统体育项目建立的自然基础，是传统体育非遗项目保护的基础，也是实现民族传统体育发展的物质基础。

三、建立体育文化传统模式

民族传统体育项目众多，即使同一种项目，不同的民族也有不同的规定和玩法。以摔跤为例，羌族摔跤中有一种"抱花肩"式摔跤，用脚绊倒对方者为胜利；藏族摔跤要靠腰部、臂膀的力量将对方摔倒在地为胜利，不得用脚绊倒对方。

同一个时间举行的节日，不同民族的叫法不同，节日期间的活动也不同。农历初一是汉族的春节，节日期间，人们会贴春联；而傈僳族叫盍什节，节日期间有射弩比赛等。

无论是民族传统节日，还是民族传统体育项目，展现的都是各民族的文化特色，围绕民族特色建立体育文化传统模式，不仅是对民族传统体育项目的保护和传承，也是发展民族传统体育的一种策略。

四、开展丰富多彩的传统体育主题活动

诸多民族传统节日都是围绕一个主题开展的节日，比如赛马节、舞狮节、摔跤节等，具有鲜明的民族特色。通过节日主题，我们就能明确是哪个民族的传统节日，这种高度的辨识力、坚实的群众基础，

第十章　传统体育非物质文化遗产的发展策略

也有利于保护和传承传统体育非遗项目。围绕非遗主题开展传统体育活动，突出非遗主题的优势，有利于集中一切力量和社会资源，提高群众的参与性，既满足了群众的体育运动需求，也宣传了传统体育非遗项目，还开拓了传统体育旅游市场。

参考文献

[1] 张军. 当前需要加入美学教育中小学"非遗"传承. 济南：山东大学出版社, 2012.

[2] 王琼淑. 日本无形文化财法律保护制度的演变及借鉴问题. 文化遗产, 2009(2) : 126-132.

[3] 刘魁立. 非物质文化遗产及其保护的整体性原则. 北京：北京联合大学出版社, 2015.

[4] 苏晓红. 郑州地方音乐相关非物质文化遗产研究. 长春：东北师范大学出版社, 2017.

[5] 陈美英. 非物质文化遗产传承人口述史. 北京：国防出版社, 2017.

[6] 于靖园. 中国体育非物质文化遗产. 浙江省：浙江摄影出版社, 2018.

[7] 牟延林. 非物质文化遗产保护与高校参与. 浙江大学学报(人文社会科学版), 2009(5) : 40-45.

[8] 陈锦营. 民俗体育文化产业的发展研究. 北京：湖南出版社, 2012.

[9] 李小花, 汪飞. 浙南畲族传统体育文化遗产记忆——以"三月三"畲族体育歌为例. 中国音乐学, 2012(2) : 5-11.

[10] 毕业亮. 南阳汉画的史前艺术——兼论其遗存在民间体育传播. 河南体育学院学报(社会科学版), 2015(2) : 16-21.

参考文献

[1]孙克.马克思主义人类学视域中的"非遗"传承.济南:山东大学出版社.2018.

[2]王晓葵.日本非物质文化遗产保护法规的演变及相关问题.文化遗产,2008,(2):135-139.

[3]刘洋.体育非物质文化遗产保护的路径研究.北京:北京体育大学出版社.2015.

[4]李政洪.贵州省体育非物质文化遗产调查与研究.长春:东北师范大学出版社.2017.

[5]钱亚辉.体育文化的传承与发展研究.北京:团结出版社.2017.

[6]方哲红.中国体育非物质文化遗产:浙江卷.兰州:甘肃教育出版社.2018.

[7]刘志军.非物质文化遗产保护的人类学透视.浙江大学学报(人文社会科学版),2009,(5):36-45.

[8]陈俊霞.民俗体育及其产业化发展研究.北京:地质出版社.2017.

[9]李海伦[美].纵观美国独特的非物质文化遗产艺术节——以史密森尼民俗节为例.中国音乐学,2012,(2):5-14.

[10]毕传龙.面向公众的生活实践——美国史密森尼民俗节概览.河南教育学院学报(哲学社会科学版),2015,(2):16-21.

[11]曹娅丽.中国体育非物质文化遗产:青海卷.兰州:甘肃教育出版社.2018.

[12]张岱年,放克立.中国文化概论(修订版).北京:北京师范大学出版社.2004.

[13]邓卫权.中国体育非物质文化遗产:江西卷.兰州:甘肃教育出版社.2018.

[14]黄水云.论唐宋诗词中之竞渡书写.广西师范大学学报(哲学社会科学版).2010,(4):42-48.

[15]李贤.弘扬养生文化助力全民健康生活.现代养生(下半月版),2019,(9):230-231.

[16]郑杭生.社会学概论新修.北京:中国人民大学出版社.1998.

[17]铜仁传统龙舟赛.http://www.tongren.gov.cn/2011/0615/111.shtml

[18]Richard Kurin. Smithsonian folklife festival: culture of by and for the people, washington DC, Center for Folklife Programs and Cultural Studies. Smithsonian Institution. 1998,99-100.

附录　保护非物质文化遗产公约（中文版）

联合国教育、科学及文化组织（以下简称教科文组织）大会于2003年9月29日至10月17日在巴黎举行的第32届会议，**参照**现有的国际人权文书，尤其是1948年的《世界人权宣言》以及1966年的《经济、社会及文化权利国际公约》和《公民权利和政治权利国际公约》，**考虑到**1989年的《保护民间创作建议书》、2001年的《教科文组织世界文化多样性宣言》和2002年第三次文化部长圆桌会议通过的《伊斯坦布尔宣言》强调非物质文化遗产的重要性，它是文化多样性的熔炉，又是可持续发展的保证，**考虑到**非物质文化遗产与物质文化遗产和自然遗产之间的内在相互依存关系，承认全球化和社会转型进程在为各群体之间开展新的对话创造条件的同时，也与不容忍现象一样，使非物质文化遗产面临损坏、消失和破坏的严重威胁，在缺乏保护资源的情况下，这种威胁尤为严重，**意识到**保护人类非物质文化遗产是普遍的意愿和共同关心的事项，**承认**各社区，尤其是原住民、各群体，有时是个人，在非物质文化遗产的生产、保护、延续和再创造方面发挥着重要作用，从而为丰富文化多样性和人类的创造性做出贡献，**注意到**教科文组织在制定保护文化遗产的准则性文件，尤其是1972年的《保护世界文化和自然遗产公约》方面所做的具有深远意义的工作，**还注意到**迄今尚无有约束力的保护非物质文化遗产的多边文件，**考虑到**国际上现有的关于文化遗产和自然遗产的协定、建议书和决议需要有非物质文化遗产方面的新规定有效地予以充实和补充,**考虑到**必须提高人们,尤其是年轻一代对非物质文化遗产及其保护的重要意义的认识,**考虑到**国际社会应当本着互助合作的精神与本公约缔约国一起为保护此类遗产做出贡献,**忆及**教科文组织有关非物质文化遗产的各项计划,尤其是"宣布人类口头遗产和非物质遗产代表作"计划,**认为**非物质文化遗产是密切人与人之间的关系以及他们之间进行交流和了解的要素,它的作用是不可估量的,于 2003 年 10 月 17 日通过本公约。

第一章 总则

第一条 本公约的宗旨

本公约的宗旨如下:

(一)保护非物质文化遗产;

(二)尊重有关社区、群体和个人的非物质文化遗产;

(三)在地方、国家和国际一级提高对非物质文化遗产及其相互欣赏的重要性的意识;

(四)开展国际合作及提供国际援助。

第二条 定义

在本公约中:

(一)"非物质文化遗产",指被各社区、群体,有时是个人,视为其文化遗产组成部分的各种社会实践、观念表述、表现形式、知识、技能以及相关的工具、实物、手工艺品和文化场所。这种非物质文化遗产世代相传,在各社区和群体适应周围环境以及与自然和历史的互动中,被不断地再创造,为这些社区和群体提供认同感和持续感，从而增强对文化多样性和人类创造力的尊重。在本公约中，只考虑符合现有的国际人权文件，各社区、群体和个人之间相互尊重的需要和顺应可持续发展的非物质文化遗产。

（二）按上述第（一）项的定义，"非物质文化遗产"包括以下方面：

1. 口头传统和表现形式，包括作为非物质文化遗产媒介的语言；
2. 表演艺术；
3. 社会实践、仪式、节庆活动；
4. 有关自然界和宇宙的知识和实践；
5. 传统手工艺。

（三）"保护"指确保非物质文化遗产生命力的各种措施，包括这种遗产各个方面的确认、立档、研究、保存、保护、宣传、弘扬、传承（特别是通过正规和非正规教育）和振兴。

（四）"缔约国"指受本公约约束且本公约在它们之间也通用的国家。

（五）本公约经必要修改对根据第三十三条所述之条件成为其缔约方之领土也适用。在此意义上，"缔约国"亦指这些领土。

第三条　与其他国际文书的关系

本公约的任何条款均不得解释为：

（一）改变与任一非物质文化遗产直接相关的世界遗产根据 1972 年《保护世界文化和自然遗产公约》所享有的地位，或降低其受保护的程度；

（二）影响缔约国从其作为缔约方的任何有关知识产权或使用生物和生态资源的国际文书所获得的权利和所负有的义务。

第二章 公约的有关机关

第四条 缔约国大会

一、兹建立缔约国大会，下称"大会"。大会为本公约的最高权力机关。

二、大会每两年举行一次常会。如若它作出此类决定或政府间保护非物质文化遗产委员会或至少三分之一的缔约国提出要求，可举行特别会议。

三、大会应通过自己的议事规则。

第五条 政府间保护非物质文化遗产委员会

一、兹在教科文组织内设立政府间保护非物质文化遗产委员会，下称"委员会"。在本公约依照第三十四条的规定生效之后，委员会由参加大会之缔约国选出的 18 个缔约国的代表组成。

二、在本公约缔约国的数目达到 50 个之后，委员会委员国的数目将增至 24 个。

第六条 委员会委员国的选举和任期

一、委员会委员国的选举应符合公平的地理分配和轮换原则。

二、委员会委员国由本公约缔约国大会选出，任期四年。

三、但第一次选举当选的半数委员会委员国的任期为两年。这些国家在第一次选举后抽签指定。

四、大会每两年对半数委员会委员国进行换届。

五、大会还应选出填补空缺席位所需的委员会委员国。

六、委员会委员国不得连选连任两届。

七、委员会委员国应选派在非物质文化遗产各领域有造诣的人士为其代表。

第七条　委员会的职能

在不妨碍本公约赋予委员会的其他职权的情况下，其职能如下：

（一）宣传公约的目标，鼓励并监督其实施情况；

（二）就好的做法和保护非物质文化遗产的措施提出建议；

（三）按照第二十五条的规定，拟订利用基金资金的计划并提交大会批准；

（四）按照第二十五条的规定，努力寻求增加其资金的方式方法，并为此采取必要的措施；

（五）拟订实施公约的业务指南并提交大会批准；

（六）根据第二十九条的规定，审议缔约国的报告并将报告综述提交大会；

（七）根据委员会制定的、大会批准的客观遴选标准，审议缔约国提出的申请并就以下事项作出决定：

1. 列入第十六条、第十七条和第十八条述及的名录和提名；

2. 按照第二十二条的规定提供国际援助。

第八条　委员会的工作方法

一、委员会对大会负责。它向大会报告自己的所有活动和决定。

二、委员会以其委员的三分之二多数通过自己的议事规则。

三、委员会可设立其认为执行任务所需的临时特设咨询机构。

四、委员会可邀请在非物质文化遗产各领域确有专长的任何公营或私营机构以及任何自然人参加会议，就任何具体的问题向其请教。

第九条　咨询组织的认证

一、委员会应建议大会认证在非物质文化遗产领域确有专长的非政府组织具有向委员会提供咨询意见的能力。

二、委员会还应向大会就此认证的标准和方式提出建议。

第十条　秘书处

一、委员会由教科文组织秘书处协助。

二、秘书处起草大会和委员会文件及其会议的议程草案和确保其决定的执行。

第三章　在国家一级保护非物质文化遗产

第十一条　缔约国的作用

各缔约国应该：

（一）采取必要措施确保其领土上的非物质文化遗产受到保护；

（二）在第二条第（三）项提及的保护措施内，由各社区、群体和有关非政府组织参与，确认和确定其领土上的各种非物质文化遗产。

第十二条　清单

一、为了使其领土上的非物质文化遗产得到确认以便加以保护，各缔约国应根据自己的国情拟订一份或数份关于这类遗产的清单，并应定期加以更新。

二、各缔约国在按第二十九条的规定定期向委员会提交报告时，应提供有关这些清单的情况。

第十三条 其他保护措施

为了确保其领土上的非物质文化遗产得到保护、弘扬和展示,各缔约国应努力做到:

(一)制定一项总的政策,使非物质文化遗产在社会中发挥应有的作用,并将这种遗产的保护纳入规划工作;

(二)指定或建立一个或数个主管保护其领土上的非物质文化遗产的机构;

(三)鼓励开展有效保护非物质文化遗产,特别是濒危非物质文化遗产的科学、技术和艺术研究以及方法研究;

(四)采取适当的法律、技术、行政和财政措施,以便:

1. 促进建立或加强培训管理非物质文化遗产的机构以及通过为这种遗产提供活动和表现的场所和空间,促进这种遗产的传承;

2. 确保对非物质文化遗产的享用,同时对享用这种遗产的特殊方面的习俗做法予以尊重;

3. 建立非物质文化遗产文献机构并创造条件促进对它的利用。

第十四条 教育、宣传和能力培养

各缔约国应竭力采取种种必要的手段,以便:

(一)使非物质文化遗产在社会中得到确认、尊重和弘扬,主要通过:

1. 向公众,尤其是向青年进行宣传和传播信息的教育计划;

2. 有关社区和群体的具体的教育和培训计划;

3. 保护非物质文化遗产,尤其是管理和科研方面的能力培养活动;

4. 非正规的知识传播手段。

（二）不断向公众宣传对这种遗产造成的威胁以及根据本公约所开展的活动；

（三）促进保护表现非物质文化遗产所需的自然场所和纪念地点的教育。

第十五条　社区、群体和个人的参与

缔约国在开展保护非物质文化遗产活动时，应努力确保创造、延续和传承这种遗产的社区、群体，有时是个人的最大限度参与，并吸收他们积极地参与有关的管理。

第四章　在国际一级保护非物质文化遗产

第十六条　人类非物质文化遗产代表作名录

一、为了扩大非物质文化遗产的影响，提高对其重要意义的认识和从尊重文化多样性的角度促进对话，委员会应该根据有关缔约国的提名编辑、更新和公布人类非物质文化遗产代表作名录。

二、委员会拟订有关编辑、更新和公布此代表作名录的标准并提交大会批准。

第十七条　急需保护的非物质文化遗产名录

一、为了采取适当的保护措施，委员会编辑、更新和公布急需保护的非物质文化遗产名录，并根据有关缔约国的要求将此类遗产列入该名录。

二、委员会拟订有关编辑、更新和公布此名录的标准并提交大会批准。

三、委员会在极其紧急的情况（其具体标准由大会根据委员会的

建议加以批准）下，可与有关缔约国协商将有关的遗产列入第一款所提之名录。

第十八条　保护非物质文化遗产的计划、项目和活动

一、在缔约国提名的基础上，委员会根据其制定的、大会批准的标准，兼顾发展中国家的特殊需要，定期遴选并宣传其认为最能体现本公约原则和目标的国家、分地区或地区保护非物质文化遗产的计划、项目和活动。

二、为此，委员会接受、审议和批准缔约国提交的关于要求国际援助拟订此类提名的申请。

三、委员会按照它确定的方式，配合这些计划、项目和活动的实施，随时推广有关经验。

第五章　国际合作与援助

第十九条　合作

一、在本公约中，国际合作主要是交流信息和经验，采取共同的行动，以及建立援助缔约国保护非物质文化遗产工作的机制。

二、在不违背国家法律规定及其习惯法和习俗的情况下，缔约国承认保护非物质文化遗产符合人类的整体利益，保证为此目的在双边、分地区、地区和国际各级开展合作。

第二十条　国际援助的目的

可为如下目的提供国际援助：

（一）保护列入《急需保护的非物质文化遗产名录》的遗产；

（二）按照第十一条和第十二条的精神编制清单；

（三）支持在国家、分地区和地区开展的保护非物质文化遗产的计划、项目和活动；

（四）委员会认为必要的其他一切目的。

第二十一条 国际援助的形式

第七条的业务指南和第二十四条所指的协定对委员会向缔约国提供援助作了规定，可采取的形式如下：

（一）对保护这种遗产的各个方面进行研究；

（二）提供专家和专业人员；

（三）培训各类所需人员；

（四）制订准则性措施或其他措施；

（五）基础设施的建立和营运；

（六）提供设备和技能；

（七）其他财政和技术援助形式，包括在必要时提供低息贷款和捐助。

第二十二条 国际援助的条件

一、委员会确定审议国际援助申请的程序和具体规定申请的内容，包括打算采取的措施、必须开展的工作及预计的费用。

二、如遇紧急情况，委员会应对有关援助申请优先审议。

三、委员会在作出决定之前，应进行其认为必要的研究和咨询。

第二十三条 国际援助的申请

一、各缔约国可向委员会递交国际援助的申请，保护在其领土上的非物质文化遗产。

二、此类申请亦可由两个或数个缔约国共同提出。

三、申请应包含第二十二条第一款规定的所有资料和所有必要的文件。

第二十四条 受援缔约国的任务

一、根据本公约的规定,国际援助应依据受援缔约国与委员会之间签署的协定来提供。

二、受援缔约国通常应在自己力所能及的范围内分担国际所援助的保护措施的费用。

三、受援缔约国应向委员会报告关于使用所提供的保护非物质文化遗产援助的情况。

第六章 非物质文化遗产基金

第二十五条 基金的性质和资金来源

一、兹建立一项"保护非物质文化遗产基金",下称"基金"。

二、根据教科文组织《财务条例》的规定,此项基金为信托基金。

三、基金的资金来源包括:

(一) 缔约国的纳款;

(二) 教科文组织大会为此所拨的资金;

(三) 以下各方可能提供的捐款、赠款或遗赠:

1. 其他国家;

2. 联合国系统各组织和各署(特别是联合国开发计划署)以及其他国际组织;

3. 公营或私营机构和个人。

(四) 基金的资金所得的利息;

(五) 为本基金募集的资金和开展活动之所得;

(六) 委员会制定的基金条例所许可的所有其他资金。

四、委员会对资金的使用视大会的方针来决定。

五、委员会可接受用于某些项目的一般或特定目的的捐款及其他形式的援助，只要这些项目已获委员会的批准。

六、对基金的捐款不得附带任何与本公约所追求之目标不相符的政治、经济或其他条件。

第二十六条 缔约国对基金的纳款

一、在不妨碍任何自愿补充捐款的情况下，本公约缔约国至少每两年向基金纳一次款，其金额由大会根据适用于所有国家的统一的纳款额百分比加以确定。缔约国大会关于此问题的决定由出席会议并参加表决，但未作本条第二款中所述声明的缔约国的多数通过。在任何情况下，此纳款都不得超过缔约国对教科文组织正常预算纳款的百分之一。

二、但是，本公约第三十二条或第三十三条中所指的任何国家均可在交存批准书、接受书、核准书或加入书时声明不受本条第一款规定的约束。

三、已作本条第二款所述声明的本公约缔约国应努力通知联合国教育、科学及文化组织总干事收回所作声明。但是，收回声明之举不得影响该国在紧接着的下一届大会开幕之日前应缴的纳款。

四、为使委员会能够有效地规划其工作，已作本条第二款所述声明的本公约缔约国至少应每两年定期纳一次款，纳款额应尽可能接近它们按本条第一款规定应交的数额。

五、凡拖欠当年和前一日历年的义务纳款或自愿捐款的本公约缔约国不能当选为委员会委员，但此项规定不适用于第一次选举。已当选为委员会委员的缔约国的任期应在本公约第六条规定的选举之时终止。

第二十七条 基金的自愿补充捐款

除了第二十六条所规定的纳款,希望提供自愿捐款的缔约国应及时通知委员会以使其能对相应的活动做出规划。

第二十八条 国际筹资运动

缔约国应尽力支持在教科文组织领导下为该基金发起的国际筹资运动。

第七章 报告

第二十九条 缔约国的报告

缔约国应按照委员会确定的方式和周期向其报告它们为实施本公约而通过的法律、规章条例或采取的其他措施的情况。

第三十条 委员会的报告

一、委员会应在其开展的活动和第二十九条提及的缔约国报告的基础上,向每届大会提交报告。

二、该报告应提交教科文组织大会。

第八章 过渡条款

第三十一条 与宣布人类口头和非物质遗产代表作的关系

一、委员会应把在本公约生效前宣布为"人类口头和非物质遗产代表作"的遗产纳入人类非物质文化遗产代表作名录。

二、把这些遗产纳入人类非物质文化遗产代表作名录绝不是预设按第十六条第二款将确定的今后列入遗产的标准。

三、在本公约生效后，将不再宣布其他任何人类口头和非物质遗产代表作。

第九章　最后条款

第三十二条　批准、接受或核准

一、本公约须由教科文组织会员国根据各自的宪法程序予以批准、接受或核准。

二、批准书、接受书或核准书应交存教科文组织总干事。

第三十三条　加入

一、所有非教科文组织会员国的国家，经本组织大会邀请，均可加入本公约。

二、没有完全独立，但根据联合国大会第1514（XV）号决议被联合国承认为充分享有内部自治，并且有权处理本公约范围内的事宜，包括有权就这些事宜签署协议的地区也可加入本公约。

三、加入书应交存教科文组织总干事。

第三十四条　生效

本公约在第三十份批准书、接受书、核准书或加入书交存之日起的三个月后生效，但只涉及在该日或该日之前交存批准书、接受书、核准书或加入书的国家。对其他缔约国来说，本公约则在这些国家的批准书、接受书、核准书或加入书交存之日起的三个月之后生效。

第三十五条 联邦制或非统一立宪制

对实行联邦制或非统一立宪制的缔约国实行下述规定：

（一）在联邦或中央立法机构的法律管辖下实施本公约各项条款的国家的联邦或中央政府的义务与非联邦国家的缔约国的义务相同；

（二）在构成联邦，但按照联邦立宪制无须采取立法手段的各个州、成员国、省或行政区的法律管辖下实施本公约的各项条款时，联邦政府应将这些条款连同其建议一并通知各个州、成员国、省或行政区的主管当局。

第三十六条 退出

一、各缔约国均可宣布退出本公约。

二、退约应以书面退约书的形式通知教科文组织总干事。

三、退约在接到退约书十二个月之后生效。在退约生效日之前不得影响退约国承担的财政义务。

第三十七条 保管人的职责

教科文组织总干事作为本公约的保管人，应将第三十二条和第三十三条规定交存的所有批准书、接受书、核准书或加入书和第三十六条规定的退约书的情况通告本组织各会员国、第三十三条提到的非本组织会员国的国家和联合国。

第三十八条 修订

一、任何缔约国均可书面通知总干事，对本公约提出修订建议。总干事应将此通知转发给所有缔约国。如在通知发出之日起六个月之内，至少有一半的缔约国回复赞成此要求，总干事应将此建议提交下一届大会讨论，决定是否通过。

二、对本公约的修订须经出席并参加表决的缔约国三分之二多数票通过。

三、对本公约的修订一旦通过，应提交缔约国批准、接受、核准或加入。

四、对于那些已批准、接受、核准或加入修订的缔约国来说，本公约的修订在三分之二的缔约国交存本条第三款所提及的文书之日起三个月之后生效。此后，对任何批准、接受、核准或加入修订的缔约国来说，在其交存批准书、接受书、核准书或加入书之日起三个月之后，本公约的修订即生效。

五、第三款和第四款所确定的程序对有关委员会委员国数目的第五条的修订不适用。此类修订一经通过即生效。

六、在修订依照本条第四款的规定生效之后成为本公约缔约国的国家如无表示异议，应：

（一）被视为修订的本公约的缔约方；

（二）但在与不受这些修订约束的任何缔约国的关系中，仍被视为未经修订之公约的缔约方。

第三十九条　有效文本

本公约用英文、阿拉伯文、中文、西班牙文、法文和俄文拟定，六种文本具有同等效力。

第四十条　登记

根据《联合国宪章》第一百零二条的规定，本公约应按教科文组织总干事的要求交联合国秘书处登记。